부활의 로랑 형제 니콜라 에르망

하느님의 현존 연습

하느님의 현존 연습

2004년 8월 13일 교회 인가
2007년 6월 30일 초판 1쇄 펴냄
2021년 10월 1일 개정 초판 1쇄 펴냄
2025년 10월 31일 개정 2판 1쇄 펴냄

지은이 · 부활의 로랑 형제
엮은이 · 콩라 드 메스테르
옮긴이 · 최애리
펴낸이 · 정순택
펴낸곳 · 가톨릭출판사
편집 겸 인쇄인 · 김대영
편집 · 김지영, 김지현, 박다솜, 허유정
디자인 · 이경숙, 강혜인, 경호진
마케팅 · 임찬양, 안휴집, 황희집, 누가영

본사 · 서울특별시 중구 중림로 27
등록 · 1958. 1. 16. 제2-314호
전자우편 · edit@catholicbook.kr
전화 · 1544-1886(대표 번호)
지로번호 · 3000997

ISBN 978-89-321-1975-5 02230

값 16,000원

가톨릭의 모든 도서와 성물, 디지털 콘텐츠를 '가톨릭북플러스'에서 만날 수 있습니다.
https://www.catholicbookplus.kr | (02)6365-1888(구입 문의)

이 책의 저작권은 (재)천주교서울대교구 가톨릭출판사에 있습니다.
저작권법에 의해 한국 내에서 보호를 받는 저작물이므로 무단 전재와 무단 복제를 금합니다.

ISBN 978-89-321-1975-5

부활의 로랑 형제 니콜라 에르망

하느님의 현존 연습

콩라 드 메스테르 엮음 | 최애리 옮김

La Pratique
de la présence
de Dieu

가톨릭출판사

Frère Laurent de la Résurrection
Ecrits et entretiens sur la Pratique de la présence de Dieu
by Conrad De Meester
Copyright © 1996 by Conrad De Meester

성화聖化는
우리의 행위를 바꾸는 것이 아니라
우리가 평소에 자기 자신을 위해 하는 일을
하느님을 위해 함으로써 이루어진다.

- 부활의 로랑 형제

차례

머리말 · 부활의 로랑 형제는 누구인가? 9

제1부
하느님의 현존에 들어가다

제1장 금언

원칙 33

영적인 삶을 누리는 데 필요한 연습 36

하느님을 영적으로 참되게 예배하는 방법 41

영혼이 하느님과 하나가 되는 방법에 대하여 43

하느님의 현존에 대하여 46

하느님의 현존을 얻기 위한 수단 50

하느님의 현존에서 얻을 수 있는 유익 54

제2장 편지

하느님은 무한한 보배를 가지고 계십니다 58
하느님을 누리는 영혼은 오로지 하느님밖에 원치 않습니다 63
사랑의 동기에서 하느님의 현존을 구하십시오 72
하느님을 신뢰하며 모든 염려에서 벗어나십시오 75
영혼의 평화와 안식은 잠잘 때에도 찾아옵니다 78
마음을 조금 들어 올리는 것으로 충분합니다 80
온 정신으로 주님의 현존 가운데 몰두하십시오 82
하느님을 더 자주, 깊이 생각하십시오 84
마음을 성전 삼아 하느님과 애정 어린 대화를 나누십시오 88
일을 하거나 오락을 하는 동안에도 하느님을 생각하십시오 90
영혼과 육신을 고치는 의사이신 분께 위로를 얻으십시오 92
하느님을 만나는 연습을 꾸준히 하십시오 97
하느님은 여러 가지 길로 우리를 이끄십니다 101
하느님께 고통을 견딜 용기와 힘을 구하십시오 103
계속해서 문을 두드리십시오 106
하느님께서 우리 안에 계시니, 다른 데서 찾지 마십시오 108

제3장 하느님의 현존 연습 111

제2부

하느님의 사람, 부활의 로랑 형제

제1장 대화

하느님께 자신을 온전히 내맡기기	125
하느님에 대한 사랑을 위하여	130
하느님만을 생각하며 단순하게	143
하느님의 현존을 누리는 방법	149

제2장 송덕문

독자에게 알림	157
부활의 로랑 형세에 대한 송덕문	160

제3장 행장   216

머리말

부활의 로랑 형제는 누구인가?

생애

부활의 로랑 형제의 호적상 이름은 니콜라 에르망Nicolas Herman이다. 그의 젊은 시절에 관해서는 알려진 바가 거의 없다. 니콜라는 1614년 프랑스 로렌 지방의 뤼네빌 근처에 있는 작은 마을인 에리네닐에서 태어났다. 그의 부모인 도미니크와 루이즈는 "부지런하고 진실한 사람들"로, 아들에게 그리스도교의 원칙들을 물려주었다고 한다. 니콜라에게 형제자매가 있었는지, 그의 유년 시절이 어떠

했는지, 어떻게 글을 배웠는지, 초기에 무슨 일을 했는지 등은 알려져 있지 않다. 열여덟 살 때, 니콜라는 하느님의 위대함과 현존에 대한 갑작스러운 직관에 깊이 사로잡혔다. 그것은 신적인 신비와 회심에 대한 최초의 부르심이었다. 그럼에도 종교적 삶을 지향하지는 않았으며, '무기를 드는 직업'을 선호했다. 당시 유럽은 30년 전쟁으로 인해 극도로 혼란하던 시절이었다. 참혹한 전쟁의 와중에서, 그는 독일군에게 체포되기도 했다. 스파이로 의심받아 처형당할 위기에 이르렀으나 간신히 무죄를 입증할 수 있었다. 그는 다시 로렌 군대에 합류했으나 랑베르빌레르 농성전(1635년)에서 부상을 입었다. 그래서 부모 곁으로 돌아가게 되었다. 그 후 니콜라는 열렬히 영적인 삶을 모색했다. 그리하여 홀로 사는 신사와 함께 은수 생활을 해 보겠다고 결심하기에 이르렀다. 하지만 그런 삶을 영위하기에는 충분히 성숙하지 못했고, 결국 포기하고 말았다. 그가 무슈 드 피외베의 하인으로 파리에 살게 된 것은 그런 은수 생활을 해 본 다음의 일이었을 것이다. 그러다가 스물여섯 살 때, 니콜라는 결정적인 진로를 택했다. 그는 1640년 6월 중순 파리의 보지라르 가에 있는 맨발의 가르멜회 수도원에 들어갔다. 8월 중순에 니콜라 에르망은 가르멜회의 갈색 수도복과 '부활의 로랑'이라는 수도명을 받았다.

수련 기간에 평수사들은 젊은 성가대 형제들의 수업에 간간이 참석할 수 있었고, 각자의 임무와 재능에 알맞은 또 다른 수련을 받게 되었다. 수련자인 '부활의 로랑 형제'는 실망을 감추지 않고, "저를 속이셨군요!"라며 주님을 원망했다. 그는 "그곳에서 저지를 온갖 서투른 실수들로 인해 살가죽을 벗기우리라."(그는 직설적이고 종종 유머 섞인 언사로 그렇게 말하곤 했다)는 두려움을 가지고서 수도원에 들어갔는데, 그에게나 그의 형제들에게나 "만족스러운 일밖에는 만나지 못했다."는 것이었다.

그렇다고 해서 로랑 형제가 영혼의 어두운 밤을 겪지 않은 것은 아니다. 영혼의 침체기는 수년 동안이나 계속되었고, 그중에서도 마지막 4년은 특히 힘든 것이었다. 그의 말을 빌자면 "그 모든 것이 제멋대로 저주를 자초하는 일 같고, 나를 위한 구원은 결코 없을 것만 같은" 느낌이었다. 한편으로는 하느님과 깊은 친교를 나누면서, 다른 한편으로는 모든 일에서 하느님의 마음에 들고 싶은 욕망이 괴로움의 근원이었다. "내가 원하는 만큼 하느님께 온전히 속해 있지 못한 것이 아닌가 하는 염려, 항상 눈앞을 떠나지 않는 과거의 죄들, 그럼에도 하느님께서 베푸신 크나큰 은혜, 이런 것들이 내 불행의 원인이었다." 이러한 싸움에서 그에게는 극히 미약하면서도 강한 단 하나의 무기밖에 없었다. 즉, "모든 피조물과 이성과 하느님조차도 나를 대적하고 오로지 믿음만이 내 편인 것처럼 보였다."라는 것이다. 그의 편지에 나오는 이 인상적인 증

언은 그 결말 또한 간략하게 보여 준다. "이런 고민과 불안 가운데서 하루빨리 생애를 마감하는 것만을 생각하고 있었는데 …… 갑자기 저는 자신이 변한 것을 발견하게 되었습니다. 그때까지 줄곧 번민에 싸여 있던 제 영혼은 깊은 내적 평화 가운데 있는 것을 느꼈습니다. 마치 그 중심에, 안식의 장소에 있는 것만 같았습니다." 로랑은 이제 그 중심을 찾으며 열렬히 그곳에서 살게 될 것이다. 왜냐하면 그의 모든 방법은 하느님의 현존 가운데로 돌아가 그 그윽한 사랑을 맛보는 것이기 때문이다.

2년간의 수련 기간을 마친 후, 1642년 8월 14일 스물여덟 살 난 로랑 형제는 서원을 했다. 원장 신부 루이 드 생트-테레즈(데레사 성녀의 루이)는 평수사의 임무를 '기도와 노동'으로 요약한다. 서원 후 로랑은 15년 동안 파리 공동체의 요리사가 된다. 그러나 전장에서 얻은 상처의 후유증으로, 로랑은 점점 더 좌골 통풍이 심해져서 절름발이가 되었다.

요리는 신체가 온전치 못한 이에게 너무 힘든 일이었다. 그래서 그에게는 앉아서 할 수 있는 일인 '신발 수선'의 임무가 맡겨졌다. 그는 맨발의 형제들을 위해 2백 켤레가 넘는 샌들을 만들고 깁게 된다.

그러나 이 신발 수선공 형제에게는 또 다른 임무들도 맡겨졌다. 바로 포도주를 조달하는 것이었다. 1665년에는 그 일로 오베르뉴까지 먼 여행을 해야 했는데, 왕복 8백 킬로미터나 되는 길을 오가야 했다. 족히 2~3주는 걸렸을 것이고 온갖 사람들을 만났을 것이다. 1666년에는 부르고뉴까지 물길로 6백 킬로미터를 오가야 했는데, 로랑 형제는 "한쪽 다리가 마비되었으므로 배 위를 돌아다니려면 술통들 위로 굴러다니는 수밖에 없었."라고 했다.

로랑은 이런 임무를 통해 사람들을 만날 수 있었다. 그리고 그런 기회는 종종 있었다. 수도원에 일하러 오는 노동자들, 문앞에서 구걸하는 거지들, 응접실과 교회를 방문하는 이들이 있었다. 평수사들은 심부름을 하러 외출해야 했고, 때로는 공동체를 위해 희사喜捨를 받으러 다녀야 할 때도 있었다. 공동체는 대부분 수련 중인 젊은이들로 이루어져 있었으므로, 그들을 먹여 살려야만 했던 것이다. 이러한 과정에서 이 보잘것없는 신발 수선공 형제의 감화가 퍼져 나갔다. 그것은 그가 돕는 '가난한 이들'에게 국한되지 않았다. 파리의 젊은 사제였던 조셉 드 보포르는 1666년부터 정기적으로 그를 방문했는데, 교회와 수도원의 여러 학자들이 그를 얼마나 높이 평가하는가를 강조한 바 있다. 파리 사람인 구제 신부가 '온 파리가' 로랑 형제를 존경한다고 했는데, 이는 다소 과장된 말일 것이다. 하지만 실제로 많은 파리 시민들이 하느님과 깊이 교감하는 이 작은 형제와의 대화를 높이 평가했다.

조셉 드 보포르는 로랑 형제에 관한 아름다운 초상화를 우리에게 남겼다. "로랑 형제는 덕망이 높았지만 그렇다고 해서 무뚝뚝한 사람은 아니었다.

그는 누구든 허물없이 대했고, 신뢰감을 주었으며 그에게는 무엇이든 터놓을 수 있다는 느낌, 친구를 만났다는 느낌을 주었다. 그 자신도, 상대방을 일단 알게 되면 자유롭게 말했고 지극히 선량한 마음을 보여 주었다. 그가 하는 말은 단순하면서도 언제나 온당하고 적절했다. 외모는 투박했지만, 그에게는 일개 평수사로서는 도달하기 어려운 수준의 독특한 예지와 자유로움이 있었고, 기대를 훨씬 뛰어넘는 통찰력이 있었다." 또한 이런 말도 남겼다. "세상에서 가장 선량한 사람처럼 보였다. 그의 사람 좋은 생김새, 인간적이고 따뜻한 태도, 단순하고 겸손한 행동 등은 그를 보는 모든 사람의 호의와 존경을 샀다. 그와 가까워질수록, 그에게서는 달리 찾아볼 수 없는 강직하고 경건한 바탕이 드러나는 것이었다. …… 그는 거룩함과 예의바른 행동은 양립할 수 없다고 생각하는, 태도가 꼿꼿한 사람들과는 달랐다. 그는 아무런 가식이 없었고 모든 사람과 허물없이 지냈으며 형제들과 벗들 가운데서 자신을 드러냄 없이 선량하게 행동했다."

로랑은 나름대로의 지적 교양도 있었다. 그는 때로 자신이 읽거니 찾이본 책들에 대헤 말하곤 했다. 수도원의 성당이나 파리의 성당에서, 그는 수많은 아름다운 설교를 들을 수 있었다. 또 그에게는 박학한 동료와 방문객들도 있었다. 그리고 매년 수도원 식당에서는 예수의 데레사 성녀가 쓴 《완덕의 길》이 낭독되었기에, 로랑은 데레사 성녀에게서도 많은 것을 배울 수 있었다. 이 어머니와도 같은 성녀가 "주님께서는 냄비 한가운데에도 계십니다."라고 한 것은 요리사 형제에게 분명 기쁨을 주었을 것이다. 그가 쓴 글로 미루어볼 때 그는 십자가의 요한 성인의 글도 즐겨 읽었던 것으로 보인다.

로랑은 대부분 침묵을 했다. 평수사들은 가르멜회의 침묵 속에서도 한층 더 그늘에서 조용히 살았다. 그들은 수도원에서 말단이었다. 아주 드문 경우가 아니면 그들은 감사 전례에 참가하지 못했으며, 그 대신 일정한 횟수로 주님의 기도를 바칠 따름이었다. 아침마다 그들은 미사에 참석했지만, 각기 맡은 일 때문에 아침, 저녁의 공동 묵상 기도 시간에 참석할 수 없을 때가 더 많았다. 하지만 장상의 지시에 따라 그들은 다른 시간에, 대개는 밤에 따로 기도를 드리곤 했다. 그러나 로랑은 항상 하느님의 현존 가운데 살면서 끊임없이 모든 것을 통해 기도하는 데 익숙해져 있었다. 그의 마음은 마치 '기도화'되어 있는 것만 같았다.

항상 섬길 준비가 되어 있는 로랑 형제의 선량함은 깊은 묵상에서 태어난 지혜로운 충고로 반 세기 이상 동안이나 보지라르 가 수도원의 형제들을 즐겁게 하고 인도해 주었다. 그러나 신체적인 불편은 더 심해져서, 약 25년 동안 그를 괴롭힌 좌골 통풍은 결국 다리의 궤양으로 악화되어 극심한 통증을 주었다. 생애 말년에 그는 세 차례나 중병이 들었다. 처음 병에서 회복되었을 때 그는 의사에게 이렇게 말했다고 한다. "선생님의 치료는 너무 효과적이어서, 제 행복을 오히려 늦추시는군요!" 그는 하느님과의 만남을 고대하고 있었던 것이다. 마지막 순간까지 맑은 정신을 지니고 있던 로랑 형제는 1691년 2월 12일 일흔일곱 살의 나이에 선종했다.

부활의 로랑 형제가 남긴 글

부활의 로랑 형제의 저작으로는 먼저 편지 16통이 있다. 그의 편지들 중 사본 한 통이 회람되자 그의 다른 편지들에 대한 요청이 쇄도했고, 그의 전기 작가이기도 한 조셉 드 보포르는 자신이 구할 수 있는 편지들을 최대한 모았다. 그중 한 사제에게 보낸 편지는 내면의 성찰을 흥미롭게 기록한 것이고, 다른 것들은 한 가르멜회 수녀에게, 또 다른 것들은 세속의 사람들에게, 그리고 마지막 네 통은 성체의 딸들 수녀회의 수녀에게 보낸 것이다. 편지와 더불어, 〈영적 금언 혹은 하느님의 현존을 얻기 위한 수단〉이라는 제목이 붙은 원고, 즉 일상적인 삶에서 하느님을 추구하기 위한 금언집도 있다.

35년 동안 로랑 형제와 왕래한 조셉 드 보포르는 처음 네 차례의 〈대화〉의 기록에서 이렇게 기약한다. "로랑 형제를 말하는 것은 그 자신이 될 터이다. 나는 그와 나눈 대화에서 그가 한 말들을 헤어진 즉시 써 두었으며, 여기에 그대로 옮길 것이다."

조셉 드 보포르는 〈대화〉와 더불어 〈하느님의 현존 연습〉이라는 개인적인 기록도 제공한다. 〈편지〉를 비롯한 여러 글의 주요 대목을 모은 이 짧은 기록은 로랑 형제의 사상을 종합적으로 보여 준다.

한편 로랑 형제의 글은 유럽 여러 나라의 언어로 번역되었으며, 특히 영어권에서 큰 성공을 누렸다. 그의 책은 영국 국교회 내에서 프랑스어 판본으로 상당히 빠른 기간에 널리 알려졌으며, 1724년에 영어로 번역되었다. 이후로 감리교의 창시자인 존 웨슬리는 영어권에서 로랑 형제의 사상을 전하는 데 큰 역할을 했다. 그는 신도들에게 로랑의 책을 읽어 주었으며, 자신을 보좌하는 설교자들이 학습할 때도 그의 책을 포함시켜 반드시 읽도록 했다.

오늘날까지도 로랑 형제의 책은 영국 국교회, 개신교, 가톨릭 할 것 없이 읽히고 있다. 독실한 퀘이커 신자 토머스 켈리는 그의 저서에서 "나는 로렌스 형제(로랑 형제)의 《하느님의 현존 연습》을 읽는 기쁨을 누린다."라고 말한다. 로랑 형제의 책은 종파를 뛰어넘어 많은 사람들이 찾는 '고전'이다.

부활의 로랑 형제가 오늘날 우리에게 말하고자 하는 것

그렇다면 부활의 로랑 형제가 오늘날을 살아가

는 우리에게 말해 주고자 하는 것은 무엇일까?

먼저 그는 깊이보다는 외양에 정신이 팔린 채 살아가는 사람들에게, 하느님의 현존을 무심히 지나치지 말라고 촉구한다. 우리가 하느님을 사랑하기 이전에, 하느님께서 우리를 사랑하신다. 우리를 위해 '그처럼 크나큰 보배'가 준비되어 있음에도, '우리가 하느님의 손을 묶고 있는' 것이다. 하느님께서는 우리 삶과 의미의 원천이 되고자 하시지만, '우리는 그것을 대단치 않게 여겨 그 풍성한 은총의 물줄기를 가로막는다.' 눈을 뜨면 그 풍성한 은혜가 한순간에 우리를 찾아올 것이다. "제가 보기에는 영적인 삶 전체가 하느님의 현존에 달려 있다고 생각됩니다. 하느님의 현존을 제대로 연습하면 얼마 지나지 않아 온전히 영적인 삶을 살 수 있을 것입니다. …… 만일 제가 설교자라면, 하느님의 현존을 연습하는 것 외에 다른 것은 설교하지 않겠습니다. 만일 제가 인도자라면, 저는 모든 사람에게 하느님의 현존을 연습하라고 권하겠습니다. 그만큼 저는 그것이 필요하고 또 쉬운 일이라고 생각합니다."
물론 그것은 꾸준히 계속해야 하는 '연습'이다. 하느님과의 대화를 받아들여야 하고 그분과 동행해야 한다. 로랑 형제의 가르침에서 놀라운 것은, 그가 의식적이고 세밀한 방법을 추구하는 지성인이 아니었기에 단도직입적으로 본질을 파고들어 곧바로 목표를 향해 간다는 점이다. 로랑은 하느님을 추구하는 데 있어 보편적인 방법을 제시한다. 하느님을 추구하는 일은 '연습'을 필요로 하며, 그것은 마치 살기 위해 숨 쉬는 것과 마찬가지다. 하지만 그 연습은 '거룩한 자유 가운데 고민이나 불안 없이' 이루어져야 한다. 그는 시시때때로 자신의 마음속에 들어가 하느님과 대화하라고 권한다. 또한 하루에 여러 번, 일을 하는 동안에도 할 수 있는 모든 순간마다 그분께 마음을 드리는 버릇을 들이라고 한다. '모든 사람이 하느님과의 이 친밀한 대화를 할 수 있는데, 어떤 이들은 더하고 어떤 이들은 덜할 따름'이다. 로랑은 결코 기도와 삶을 별개로 여기지 않으며, 그 두 가지가 연결되기를 바란다.

이 권고에 더 귀를 기울일 수 있는 것은 그가 일상적이고 평범한 생활을 잘 알고 말하기 때문이다. 로랑은 요리사이자 신발 수선공이었으며, 한창 바쁜 시간의 스트레스와 격무, 사람들의 불만, 단조로운 일과와 피로, 끝없는 일거리 등을 잘 알고 있었다. 이런 처지에서 그는 내적 성찰의 시간을 갖고 하느님의 현존을 구했다. 그는 낮 동안 '무심코 흘려보내는' 순간을 이용하라고 권한다. 그것은 아파트에 살든, 식당에서 일하든, 지하철을 타고 있든, 교수 혹은 학생이든, 사무실에서 컴퓨터 앞에 앉아 있든, 자동차를 운전하고 있든 마찬가지다.

이런 '연습'이 자연스러워지려면 마음속으로 하느님께 돌아가야 하고 하루 동안에도 여러 번 짧은 내적 흠숭을 반복해야 한다. 우리의 믿음이 얼마나 적고, 우리의 정신이 얼마나 산만한가를 잘 아는 로랑은 경고한다. 시작이 가장 어렵다고, 또 처음에는 종종 그저 시간을 의미 없이 보내고 있는 것 같아서 싫증이 나게 된다고 말이다. 그러므로 지금부터라도 거룩하고 확고한 결심을 하고, 아무리 어렵더라도 끝까지 인내할 결심으로 계속해야 한다. 그러면 곧 결실을 볼 것이고 얼마 안 가 영적인 사람이 될 것이다. 로랑은 하느님께로 주의를 돌리는 법을 배웠고, 마침내 하느님께서 친히 그의 주의를 '일깨워 주심'을 체험하게 되었다. 이러한 여정을 그는 이렇게 요약한다. "하느님의 현존 연습은 처음에는 다소 힘이 들지만 꾸준히 계속하다 보면 영혼 가운데 은밀하고도 놀라운 효과들을 일으키며 주님의 풍성한 은혜를 불러오게 된다. 그리하여 영혼은 저도 모르게 도처에서 하느님의 현존을 구하는 저 단순하고도 사랑에 찬 시선을 갖게 되는 것이다. 그러한 응시야말로 가장 거룩하고 견고하고 쉽고 효과적인 기도의 방법이다."

물론 이런 방법이 자기와 맞지 않는다고 할 수 있다. 하지만 그리스도께서는 '죄인을 부르러 오신'(마태 9,13 참조) 우리의 해방자이시지 않는가? 예수님께 우리를 자유롭게 해 달라고 청하고 그분을 잊고 살았음을 고백하며 그분께 돌아가기를 원한다면 대화는 얼마든지 다시 시작될 수 있다. 로랑과 같이 약간의 유머만 있다면 말이다. "무슨 실수를 했구나 싶을 때면 기꺼이 인정하고 이렇게 말한다. '저는 보통 이렇습니다. 저는 이렇게밖에 할 줄 모릅니다!'" 만일 로랑이 200년 전 사람이 아니었다면, 로랑이 자비로운 사랑이나 단순함에 대해 하는 말이 아기 예수의 데레사 성녀에게서 빌려온 게 아닐까 생각할 수도 있을 것이다. 로랑은 하느님의 현존이라는 획기적인 체험이 누군가의 삶에서 가질 수 있는 중요성을 참신하게 증언했다. 하지만 그런 체험이 자신에게만 국한되는 것이 아니라고 굳게 믿었다. 그는 하느님께 받을 만한 자세가 되어 있는 영혼이라면 하느님의 현존 연습을 통해 그 경지와 비슷한 상태를 얻을 수 있다고 말한다.

한편 로랑이 걸어온 긴 여정 동안 어려움도 없지 않았다. "그러는 동안 내내 나는 넘어지고 또다시 일어나고 했다." 그는 또한 하느님께서 이루고자 하시는 요건, '마음은 다른 모든 것을 비워야 한다'는 것도 알고 있었다. 우리 안에 하느님께서 현존하시면 우리는 주님의 구체적 요구에 민감해지게 마련이며, 그것을 로랑은 '그분을 거스를 만한 것은 아무것도 생각하지 않고 말하지 않고 행하지 않는 것'이라 정의한다. '연습'은 이런 단계에까지 이르러야 하는 것이다. 예수님께서는 그 효과에 대해 '마음이 깨끗한 사람들은 행복하며 그들은 하느님을 보게 될 것'(마태 5,8 참조)이라고 말씀하셨다.

이 세상에는 수도 생활 가운데서, 자신의 삶을 그분의 현존 가운데 항상 깨어 있는 작은 불꽃으로 만들라는 주님의 부르심에 응답한 사람들이 있다. 하지만 사람들 사이에서 바쁜 삶을 살아가는 가운데 도시를 비추는 작은 불꽃들도 존재한다. 교파를 초월한 로랑의 영향을 생각할 때, 우리는 그의 범교파적인 호소력에 주목한 어느 개신교 신자의 말에 기꺼이 동의하게 된다. "다양한 판본들을 훑어 보기만 해도 로랑 형제가 그리스도 안의 다양한 교파들 모두의 관심을 끌었음을 알 수 있다. 그는 하느님의 현존에 대한 체험을 통해 교파를 넘어선 호소력을 지니며, 그가 속해 있던 가르멜회의 배경을 여전히 지니면서도 가톨릭뿐 아니라 개신교에도 고유한 진리를 말한다. 17세기는 아무도 범교회주의에 대해 말하지 않던 시절이었지만, 그는 모든 교파를 가로지르는 그리스도의 전령이었다."

하느님의 현존이 로랑의 마음에 남긴 행복감을 묘사할 한마디는, 아마도 그가 죽기 두 달 전에 자기 기분을 표현했던 데서 찾을 수 있을 것이다. "나는 나날이 더 만족한다. 온 세상이 괴로워하는데, 혹독한 참회를 치러야 할 나만이 이처럼 항상 기쁨 가운데 있다니, 기쁨을 억누르려 하지만 잘 안 된다." 그는 참으로 '만족한' 사람이었다. 로랑은 곧게 뻗은 나무요, 한 덩이의 바위처럼 안정되고 자유로운 사람이었다. 그의 단순함과 조화와 힘은 그의 말없는 기쁨의 원천인 하느님의 현존에서 오는 것이었다. 그는 하느님 안에서 숨 쉬었다. "오래전부터 영원하신 하느님만을 묵상한 나머지 그 자신도 그분처럼 영원해졌다."라고 조셉 드 보포르는 말한다. 그의 시선은 이미 자기 마음속에서 타오르는 하느님의 현존을 발견하는 기쁨으로 빛났다. 로랑은 작고 보잘것없는 사람도 하느님의 현존 안에서는 충만하고 행복하고 풍요로워질 수 있음을 보여주었다. 이것이 바로 오늘날을 살아가는 우리에게 로랑 형제가 남긴 위대한 영성, 하느님의 현존으로 다가가기 위한 영성이라고 할 수 있는 것이다.

제1부

하느님의 현존에
들어가다

제1장

금언

원칙

❖

믿는 이에게는 모든 것이 가능하다. 희망을 지닌 이에게는 더욱 그러하며, 사랑하는 이에게는 더더욱 그렇다. 이 세 가지 덕을 꾸준히 연습하는 이에게는 두말할 것도 없다. 세례를 받고 제대로 믿는 모든 사람은 이미 완덕의 길에 첫발을 내디딘 것이며 다음의 권고들을 마음에 새기며 꾸준히 연습한다면 그 목표에 이르게 될 것이다.

❖

무엇을 하든 간에, 무엇을 말하고 행하든 간에 항상 하느님과 그분의 영광을 바라보아야 한다. 영원토록 하느님을 찬미하기를 희망하듯이, 지금의 삶에서도 하느님을 가장 완전히 섬기는 것이 우리의 목표가 되어야 한다. 하느님의 은총에 힘입어, 영적인 삶에서 만나게 되는 온갖 어려움을 극복하겠다고 굳게 결심해야 한다.

❖

영적인 삶을 시작할 때, 우리는 자신이 어떤 사람인가를 깊이 생각해야 한다. 우리는 경멸받아 마땅하며 그리스도인이라 불릴 자격조차 없다. 갖가지 불행과 무수한 우연에 시달리며 건강도, 기질도, 내적·외적 성품도 고르지 못하다. 안으로나 밖으로나 우리는 하느님께서 무수한 수고와 고통을 통해 낮추셔야 할 이들이다.

❖

　하느님께 자신을 바치는 것은 분명 우리에게도 유익하고 하느님 보시기에도 좋은 일이라 믿어야 한다. 섭리하시는 하느님께서 우리를 온갖 형편에 처하게 하시고 합당하다 여기시는 기간 동안 온갖 고통과 비참과 유혹을 견디게 하시는 것은 흔히 있는 일이다. 우리는 하느님에 대한 사랑을 위해 이런 과정을 겪어 내야 한다. 왜냐하면 이렇게 마음과 생각을 하느님의 뜻에 복종시키지 않고서는 헌신도 완성도 이루어질 수 없기 때문이다.

❖

　영혼이 보다 높은 완성을 지향할수록 은총에 의지하게 되고 매 순간 하느님의 도우심이 좀 더 필요하게 된다. 하느님의 도우심 없이는 아무것도 할 수 없기 때문이다. 세상과 자연과 악마는 힘을 합해 강력하고 지속적인 싸움을 걸어오므로, 매 순간

도움을 구하고 겸손하게 의존하지 않는다면 영혼은 막무가내로 끌려가고 말 것이다. 이렇듯 하느님께 전적으로 의존한다는 것은 인간의 본성으로는 어려운 일이지만, 은총은 그런 영혼 가운데 오며, 기쁨을 가져다준다.

영적인 삶을 누리는 데 필요한 연습

❖

영적인 삶에서 가장 거룩하고 보편적이고 필요한 연습은 하느님의 현존이다. 그것은 하느님과의 거룩한 동행을 즐겨 하며 거기에 익숙해지는 것이다. 언제나 매 순간, 정해진 규칙이나 제한 없이, 특히 시험과 고통과 메마름과 역겨움과 불충실과 죄악 가운데서도, 그분과 더불어 겸손하고 애정 어린 대화를 나누는 것이다.

❖

 우리의 모든 행동이 하느님과의 작은 대화가 되도록 꾸준히 노력해야 한다. 하지만 일부러 그러는 것이 아니라 순수하고 단순한 마음에서 우러나오게 해야 한다.

❖

 우리의 모든 행동을 무게 있고 절도 있게 해야 한다. 성급하고 과격한 행동은 산만한 정신을 드러낸다. 하느님과 함께 일할 때는 부드럽게, 조용하고 다정하게 해야 하며, 그분께서 우리의 일을 기꺼이 받아 주시기를 기도해야 한다. 하느님에 대한 지속적인 관심으로 우리는 마귀를 쳐부수고 그의 손에 든 무기를 떨어뜨릴 수 있을 것이다.

❖

 우리는 일이나 그 밖의 다른 행동을 할 때, 독서

나 글쓰기처럼 정신적인 일을 하거나 통성 기도 같은 외적인 경배를 드릴 때에도, 잠깐씩 중단하고 우리 마음속 깊은 곳에서 하느님께 경배를 드려야 한다. 가능한 자주, 때로는 그저 스쳐지나듯이, 몰래라도 그렇게 해야 한다. 우리가 일하는 동안 하느님께서 우리 앞에 계시다는 것, 우리 영혼의 중심에 계시다는 것을 알고 있다면, 적어도 잠깐씩이라도 외적인 일을 멈추고 시선을 안으로 향하여 그분을 경배하고 찬미하고 마음을 바치고 감사를 드리지 않을 이유가 있겠는가? 하루에도 수천 번씩 모든 피조물을 떠나 마음속으로 물러가 그분을 경배하는 것 이상으로 하느님께서 흡족해하실 일이 있겠는가? 이처럼 마음속으로 하느님께 돌아가는 일은 피조물들 가운데 있는 자만심으로부터 우리를 차츰 벗어나게 해 줄 것이다. 그리고 창조주와 단 한순간을 누리기 위해 피조물을 수천 번씩 버리는 것보다 하느님께 우리의 신실함을 보여 드릴 수 있는 더 큰 증거도 없을 것이다. 그렇다고 외적인 일을 아예 그만두라는 것이 아니다. 그럴 수는 없다. 모든 덕의 어머니인 신중함이 척도가 되어야 한다. 하지만 영적인 사람들도 때때로 외적인 것을 떠나 자신의 내부에서 하느님께 경배하고 잠깐씩 그분의 거룩한 현존을 평화롭게 누리지 않는 실수를 저지르곤 한다.

❖

하느님께 대한 경배는 믿음 안에서 이루어져야 한다. 우리는 하느님께서 진정으로 우리 마음속에 계시다는 것과, 그분께 경배하고 그분을 사랑하고 섬기되 영적으로 참되게 해야 한다는 것을 믿어야 한다. 하느님께서는 우리와 모든 피조물 안에서 일어나는, 또 앞으로 일어날 모든 것을 보고 계신다. 하느님께서는 스스로 존재하며 모든 피조물을 다스리신다. 그분께서는 완전하시며, 그분의 무한한 탁월함과 절대 주권에 의해 우리의 전 존재를, 하늘과 땅에 있는 모든 것을 다스리신다. 시간 속에서 또 영원 속에서 하느님께서는 만물을 당신의 뜻대로 주관하신다. 우리는 모든 생각과 말과 행동을 마땅히 그분께 드려야 한다. 우리가 그렇게 하고 있는지 수시로 돌아보아야 한다.

❖

우리에게 가장 필요한 덕목이 무엇인지, 어떤 덕복이 가장 얻기 어려운지 생각하는 시간을 가져야 한다. 또한 우리가 자주 저지르는 죄는 무엇이며 우리를 자주 넘어지게 하는 계기는 무엇인지, 차근차근 검토해 보아야 한다. 유혹을 받을 때 우리는 온전한 신뢰심으로 하느님께 의지해야 하며, 그분의 거룩하고 엄위하신 현존 가운데 굳건히 버텨야 한다. 그러면서 하느님께 겸손하게 예배를 드리고 우리의 모든 어려움과 약점을 내어놓고서, 사랑 안에서 은총을 청해야 한다. 그러면 우리 자신은 전혀 갖지 못한 미덕을 그분 안에서 발견하게 될 것이다.

하느님을 영적으로 참되게 예배하는 방법

❖

이 문제에 대해 할 수 있는 대답은 세 가지다. 하느님께 영적으로 참되게 예배한다는 말은 하느님께 마땅히 그래야 할 방식대로 예배한다는 뜻이다. 즉, 하느님은 영이시니 영과 진리 안에서 예배해야 한다(요한 4,24 참조). 즉, 우리 영혼의 깊은 중심에서 하는 겸손하고 진실한 예배를 말하는 것이다. 하느님만이 보아 주실 이 예배를 자주 반복하게 되면, 결국 그것은 자연스러워져서 마치 하느님이 우리 영혼과 하나가 되고 우리 영혼이 하느님과 하나가 되는 듯할 것이다. 연습을 하다 보면 알게 될 것이다.

❖

하느님께 참되게 예배한다는 것은 그분이 어떤 분이신지를 인정하고 우리 자신이 어떤 존재인지를 인식하는 것이다. 참되게 예배한다는 것은 진실로, 현재적으로, 영적으로, 하느님께서 무한히 완전하시고 무한히 경배받으실 만하며 악과는 무한히 동떨어져 있음을, 그분의 모든 신적인 속성을 인정하는 것이다. 인간이 아무리 하찮은 이성을 가진 존재라 해도, 이 위대하신 하느님을 섬기고 그분께 예배하는 데에 있는 힘을 다 쏟지 않을 이가 누구이겠는가?

❖

하느님께 참되게 예배한다는 것은 또한 우리가 그분의 뜻을 거역하는 이들이지만 만일 우리가 원하기만 한다면 하느님께서는 기꺼이 우리를 당신과 비슷하게 만들기를 원하신다고 고백하는 것이다. 단 한순간이라도 그분께 바쳐 마땅한 끊임없는 존경과 사랑과 섬김과 예배에서 돌아서서 떠날 만큼 경솔한 사람이 누가 있겠는가?

영혼이 하느님과 하나가 되는 방법에 대하여

❖

하느님과 하나가 되는 것, 즉 합일을 이루는 방법에는 통상적인 것, 잠정적인 것, 현재적인 것, 세 가지가 있다.

❖

통상적인 합일이란 단지 은총에 의해 하느님과 일치해 있을 때다.

❖

 잠정적인 합일이란 하느님과 일치되는 행동을 시작하여 그 행동의 힘으로, 그 행동을 지속하는 동안, 그분께 계속 결합되어 있는 것이다.

❖

 현재적인 합일이란 가장 완전한 것으로, 전적으로 영적인 것이기는 하지만 그 움직임이 느껴진다. 왜냐하면 영혼은 다른 두 가지 합일에서처럼 잠들어 있지 않고 강력히 깨어 있기 때문이다. 그 작용은 불보다 더 생생하고 구름에 가리지 않은 태양보다 더 밝다. 그렇지만 이런 감정에서는 착각을 할 수도 있다. 그 감정은 단순히 "하느님, 제 온 마음으로 당신을 사랑합니다."라든가 그 비슷한 말로 마음을 표현하는 것만은 아니다. 하느님을 사랑하고 흠숭하고 안아 드리게끔 몰아가는 것은 부드럽고 평화롭고 영적이고 경건하고 겸손하고 애정 깊고 아주 단순한, 영혼의 알지 못할 그 무엇이다. 그 다정함은 말로 표현할 수 없으며 실제로 겪어야만 알 수 있다.

❖

 하느님과 하나가 되기를 원하는 사람은 자기 의지를 기쁘게 하는 모든 것이 사실 유쾌하고 감미로우며, 적어도 의지는 그렇게 받아들인다는 것을 인정해야 한다. 하지만 하느님께서는 이해할 수 없는 분이시며, 그분과 하나가 되기 위해 우리의 의지는 영육 간의 온갖 취미와 쾌락들을 떨쳐야만 한다. 그렇게 떨쳐 버릴 때에 비로소 영혼은 하느님을 다른 모든 것보다 더 사랑할 수 있는 것이다. 만일 우리의 의지가 어떤 식으로든 하느님을 이해할 수 있다면, 그것은 사랑 때문이다. 의지의 취미와 감정은 의지의 활동과는 차이가 있다. 의지의 취미와 감정은 영혼 안에서 한계가 있지만, 사랑은 의지의 활동이며 하느님 안에서 비로소 종착점을 발견하기 때문이다.

하느님의 현존에 대하여

❖

하느님의 현존이란 우리의 영혼을 하느님께 집중하는 것 혹은 하느님께서 내 영혼 안에 계심을 기억하는 것으로, 우리의 상상이나 지각 가운데서 이루어진다.

❖

나는 40년 전부터 지적으로 하느님의 현존을 누려온 한 사람을 안다. 그는 그 체험을 여러 가지 다른 이름으로 불렀다. 때로는 단순한 행위 혹은 하느님에 대한 분명하고 명확한 인식, 때로는 하느님께 전반적으로 애정을 바치는 막연한 느낌, 하느님에 대한 기억, 때로는 하느님에 대한 주의, 하느님과의 말없는 대화, 하느님에 대한 신뢰, 영혼의 삶과 평화 등으로 말이다. 그는 하느님께서 현존하시는 이 모든 방식은 동일한 상태를 가리키는 말들이며, 그 상태가 이제 그에게는 거의 자연스럽게 느껴진다고 말했다. 그 연유는 다음과 같다.

❖

그는 자신의 정신을 하느님의 현존에로 돌아가게 하려는 무수한 노력 끝에 이제는 아예 그것이 습관이 되었다고 한다. 외적인 일거리에서 해방되기만 하면, 그리고 때로는 가장 바쁜 순간에도, 영혼의 가장 높은 부분은 아무 노력을 하지 않아도 저절로 위를 향해 마치 공중에 떠 있는 것처럼 자신의 중심이자 안식의 장소인 하느님 안에 머문다는 것이다. 그것이 그가 하느님의 현재적 현존이라고 부르는 것으로, 그것은 다른 모든 종류의 현존을 포함한다. 그리하여 그는 이제 마치 세상에 하느님과 그 자신밖에 없는 것처럼 산다. 그는 어디에 가든지 하느님과 함께하며, 자신이 필요한 것을 말씀드리고, 하느님과 무수한 방식으로 친교를 이룬다.

그러나 하느님과의 이런 대화는 영혼의 가장 깊은 중심에서 이루어진다는 점을 알아야 한다. 그곳에서 영혼은 하느님과 마음을 터놓고 이야기하며, 늘 하느님 안에서 누리는 크고 깊은 평화 가운데 있다. 바깥에서 일어나는 모든 일은 영혼에 불이 붙는 즉시 꺼져 버리는 짚불과도 같아서, 그의 내적인 평화는 거의 흐트러지지 않는다.

❖

하느님의 이 부드럽고 애정 깊은 응시는 영혼 속에 저도 모르게 신성한 불을 붙이며, 영혼은 하느님의 사랑으로 뜨겁게 불타올라 그것을 가라앉히기 위해서는 여러 가지 외적인 일을 해야 할 정도다.

❖

때로 영혼이 하느님께 말씀드리는 것을 안다면 놀랄 것이다. 하느님께서는 이 대화를 얼마나 기뻐하시는지, 영혼이 그와 더불어 머물고자 하기만 하면 그에게 모든 것을 허락하신다. 그리고 영혼이 다시금 피조물로 돌아가는 것을 우려하시는 듯, 영혼이 원하는 모든 것을 주고자 하신다. 그리하여 영혼은 때로 전혀 욕망하지도 애써 얻으려고 하지도 않았는데도 자기 안에서 맛있는 양식을 발견하기도 한다. 그가 할 일이라고는 단지 동의하는 것뿐이다.

❖

그러므로 하느님의 현존은 영혼의 생명이며 양식으로, 주님의 은혜로 얻을 수 있다. 그리고 그것을 얻기 위한 수단들은 다음과 같다.

하느님의 현존을 얻기 위한 수단

❖

첫 번째 수단은 극히 순결하게 사는 것이다.

❖

두 번째 수단은, 하느님의 현존과 자기 안에서 하느님을 향하는 내적 시선을 꾸준히 연습하는 것이다. 이 연습은 항상 부드럽고 겸손하게 사랑 안에서 이루어져야 하며, 어떤 불안이나 조바심이 끼어들어서는 안 된다.

❖

  외적인 행동을 하기에 앞서 잠깐이라도 이 내적 시선으로 하느님을 바라보아야 하며, 행동을 하는 중간 중간에도 또 행동을 끝마칠 때에도 그래야 한다. 이런 습관을 얻기 위해서는 인내와 노력이 필요하기 때문에, 그러지 못했을 때도 낙심해서는 안 된다. 그 습관을 얻기는 힘들지만, 일단 얻고 나면 모든 것이 즐겁게 이루어질 것이다.

  마음(심장)은 생명의 시작이며 육신의 다른 지체들을 지배하는 것인 만큼 하느님을 사랑하고 경배하는 일에서, 우리의 영적이고 육적인 행동을 시작하거나 끝마침에 있어서, 그리고 삶의 모든 활동에 있어서도, 처음이자 마지막이 되어야 하지 않겠는가? 우리가 하느님을 향하는 내적 시선을 발견해야 하는 것도 바로 마음속에서다. 이 일은, 이미 말했듯이, 앞뒤를 따지지 말고 단순한 마음으로 임해야 쉽게 이루어진다.

❖

이 연습을 시작하는 이들은 마음속으로 몇 마디 말을 해 보는 것도 좋다. 예를 들어 "하느님, 저는 온전히 당신의 것입니다.", "사랑의 하느님, 저는 온 마음으로 당신을 사랑합니다.", "주님, 저를 당신의 뜻대로 하소서." 등등 그때그때 사랑에서 우러나오는 말을 하는 것이다. 하지만 그러다가 정신이 흩어져 다시금 피조물에로 돌아오지 않도록 주의해야 하며, 정신을 하느님께로만 모아 의지로 붙들어 매서라도 하느님과 더불어 있지 않으면 안 되게끔 해야 한다.

❖

하느님의 현존 연습은 처음에는 다소 힘이 들지만 꾸준히 계속하다 보면 영혼 가운데 은밀하고도 놀라운 효과를 일으키며 주님의 풍성한 은총을 불러오게 된다. 그리하여 영혼은 저도 모르게 도처에서 하느님의 현존을 구하는 단순하고도 사랑에 찬 시선을 갖게 된다. 하느님의 현존이야말로 가장 거룩하고 가장 견고하고 가장 쉽고 가장 효과적인 기도 방법이다.

❖

하느님의 현존 상태에 이르기 위해서는 감각에 대한 절제가 필요하다는 점에 주목하자. 영혼이 세속적인 쾌락에 조금이라도 애착을 갖는 한, 하느님의 거룩한 현존을 얻기란 불가능하다. 하느님과 함께 있기 위해서는 세속적인 것들을 완전히 떠나야만 한다.

하느님의 현존에서 얻을 수 있는 유익

❖

영혼이 하느님의 현존에서 얻는 첫 번째 유익은 삶의 모든 일 속에서 믿음이 더욱 생기 있고 활발해진다는 점이다. 어려운 처지에 있을 때 특히 더 그렇다. 왜냐하면 우리는 유혹에 빠질 때나 다른 사람들과의 불가피한 관계에서, 하느님의 현존 가운데 있으면 은총을 구하기가 더 수월해지기 때문이다. 이 연습을 통해 믿음에 의지하는 데 익숙해진 영혼은 단지 하느님을 기억하는 것만으로도 그분의 현존을 보고 느낄 수 있으며, 쉽고 효과적으로 필요한 것을 구할 수 있다. 이런 영혼의 상태는 성인聖人과 가까워진다. 영적으로 진보할수록 믿음은 생기를 띠며, 나중에는 '믿는 것이 아니라 보고 체험한다'고 말할 수 있을 정도로 생생한 것이 된다.

❖

 하느님의 현존 연습은 우리의 희망을 강하게 만든다. 희망은 우리의 지식에 비례하여 자란다. 또 우리의 믿음이 이 거룩한 연습을 통해 하느님의 신비를 알게 될수록, 이 땅에서 보는 육체의 아름다움을 능가한다. 그뿐 아니라 가장 완벽한 영혼들과 천사들의 아름다움을 무한히 능가하는 아름다움을 하느님 안에서 발견할수록, 우리의 희망은 점점 자라고 강해진다. 우리의 희망은 그것이 누리고자 하고 또 맛보고자 하는 보화의 위대함 덕분에 확고해지는 것이다.

❖

 그러한 희망 가운데서 우리는 피조물의 하찮음을 알게 되고 거룩한 사랑에 대한 열정으로 불붙게 된다. 태우는 불이신 하느님과 항상 함께 있기 때문에, 그분을 거스를 만한 것은 모두 재가 되어 버린다. 그렇게 불붙은 영혼은 더 이상 하느님의 현존을 떠나서는 살 수 없게 된다. 하느님의 현존은 그의 마음속에 거룩한 열정을, 신성한 열의를, 그리고 만물의 사랑과 섬김과 흠숭을 받으시는 하느님을 보고자 하는 격렬한 욕망을 불러일으킨다.

하느님의 현존과 자기 내면을 향하는 시선을 통해 영혼은 하느님과 친숙해져서 거의 전 생애를 끊임없는 사랑과 예배, 통회, 신뢰, 감사, 봉헌, 간구, 그리고 그 밖의 모든 아름다운 덕행으로 보내게 된다. 때로는 삶 그 자체가 끝나지 않는 단 하나의 행위가 되기도 한다. 왜냐하면 영혼은 하느님의 현존을 부단히 누리는 가운데 있기 때문이다.

이런 경지에 도달한 사람이 별로 없다는 것을 안

다. 그것은 하느님께서 단지 몇몇 선택된 영혼들에게만 베풀어 주시는 호의다. 왜냐하면 그 단순한 시선이란 그분의 풍성한 손이 베푸시는 은사이기 때문이다. 그러나 나는 이 거룩한 연습에 동참하고자 하는 이들을 위로하기 위해 이렇게 말할 수 있다. 하느님께서는 받을 만한 자세가 되어 있는 영혼들에게는 그것을 주시고자 한다. 만일 주시지 않는다 해도, 적어도 그분께서 내리시는 은총의 도움을 받으면 하느님의 현존 연습을 통해 그 단순한 시선과 아주 비슷한 상태를 얻을 수 있을 것이다.

제2장

편지

하느님은 무한한 보배를 가지고 계십니다

존경하는 수녀님,

마침 N을 통해 서신을 전할 기회가 생겼으니, 저희 형제들 중 한 사람(로랑 자신을 가리킴)이 하느님의 현존에서 누리는 놀라운 결과와 지속적인 도움에 대해 갖고 있는 생각들을 알려 드리고 싶습니다. 우리 모두 거기서 유익을 얻었으면 합니다.

수도 생활을 시작한 지 40년도 더 된 그의 주된 관심은 항상 하느님 곁에 머물고 하느님께서 싫어

하실 만한 것은 생각하지도 말하지도 행하지도 않는 것이었습니다. 그의 동기는 오로지 하느님께 대한 순수한 사랑으로, 하느님께서는 무한한 사랑을 받으시기에 합당하시기 때문입니다.

그는 이제 하느님의 현존에 너무나 익숙해져서 매사에 하느님의 도움을 끊임없이 받습니다. 약 30년 전부터 그의 영혼은 흘러넘치는 내적인 기쁨을 감당하지 못해, 그것을 억제하고 겉으로 드러나는 것을 막기 위해, 외견상으로는 신앙적 행위라기보다 바보짓처럼 보이는 유치한 행동들을 하지 않을 수 없을 정도입니다.

어쩌다 그가 하느님의 현존에서 조금이라도 벗어날 때면, 하느님께서는 즉시 그의 영혼에 임하셔서 그를 일깨워 주시는데, 이런 일은 종종 그가 외적인 일에 몰두해 있을 때에도 일어납니다. 그러면 그는 이러한 내적인 요청에 신실하게 응답하여, 마음으로 하느님을 우러르기도 하고, 다정하고 애정 깊은 시선을 바치기도 하고, 사랑에서 우러나는 몇 마디 말을 아뢰기도 합니다. "하느님, 저는 온전히 당신 것이오니 당신 뜻대로 하소서." 그러면 사랑의 하느님께서는 그 애정 어린 말에 기뻐하시며 그의 영혼의 깊은 중심에서 다시금 잠잠해지시는 것처럼 느껴집니다. 이런 일들을 거듭 경험하면서 그는 하느님께서 항상 자신의 영혼 한복판에 거하신다는 것을 너무나 확신하게 되었습니다. 그리하여 무슨 일을 하든 무슨 일이 닥치든 그 사실만은 전혀 의심하지 않게 되었습니다.

그러니 존경하는 수녀님, 그가 누리는 기쁨과 만족이 어떠하겠는지 생각해 보십시오. 자기 안에 항상 그처럼 크나큰 보배가 있는 것을 느끼므로, 그는 더 이상 그것을 찾으려 조바심 내지 않으며, 더 이상 그것을 구하려 애쓰지 않습니다. 그는 이미 그 보배를 발견했으며 거기에서 원하는 모든 은총을 누릴 수 있으니 말입니다.

그는 종종 우리가 눈이 멀었음을 탄식하며, 너무나 하찮은 것으로 만족하는 우리를 불쌍하다고 외치곤 합니다. "하느님께서는 우리에게 주실 무한한 보배를 가지고 계신데, 우리는 그저 한순간 지나가 버리는 변변치 않은 경배로 만족해 버린다. …… 그런 식으로 하느님의 손을 묶어 버리고 그분의 풍성한 은총의 물줄기를 가로막다니, 눈먼 자들이 아닌가! 하지만 하느님께서는 살아 있는 믿음으로 열린 영혼을 발견하시기만 하면 끝없는 은총을 부어 주신다. 마치 막혀 있던 급류가 물길을 찾으면 세차게 흐르는 것과도 같다."

그렇습니다. 우리는 종종 이 급류를 대단찮게 여겨 막아 버리지요. 더는 막지 맙시다. 친애하는 수녀님, 우리 자신으로 돌아가 막힌 둔덕을 헐어 버리고 은총의 물길을 터서 잃어버린 시간을 회복합시다. 우리에게는 살아갈 날이 얼마 남지 않았고, 죽음이 우리를 바짝 뒤따르고 있으니, 정신을 차립시다. 사람은 단 한 번 죽는 것입니다!

다시금 말씀드리지만 우리 자신으로 돌아갑시다. 더는 미룰 수가 없으니, 각자 자신의 삶에 책임을 져야 할 것입니다. 수녀님은 이미 충분한 준비가 되어 있기에 놀라고 두려워하는 가운데 불려가지 않으리라고 믿습니다. 그 점에서 저는 수녀님을 존경합니다. 하지만 여전히 노력해야 하는 것은, 영혼의 삶에서는 전진하지 않으면 곧 후퇴가 되기 때문입니다. 성령의 숨결을 지닌 이들은 잠을 자면서도 앞으로 나아가게 되지요. 만일 우리 영혼의 배가 아직도 풍랑이나 폭풍에 시달리고 있다면, 배 안에 잠들어 계신 주님을 깨웁시다. 그러면 주님께서 곧 바다를 잔잔케 하실 것입니다.

친애하는 수녀님, 제가 임의로 서신을 드려 이상과 같은 생각들을 전하는 것은 그것들이 수녀님의 생각과 만나기를 바라기 때문입니다. 하느님에 대한 수녀님의 생각이 행여 조금이라도 식었다면

(하느님께서는 그런 불행을 원치 않으십니다), 제가 전하는 생각들이 수녀님의 생각들에 다시금 불을 붙여 타오르게 할 것입니다. 그러니 수녀님도 저도 처음의 열정을 잊지 맙시다. 이 형제의 마음에서 유익을 얻읍시다. 그는 세상에는 알려지지 않았지만 하느님께서는 그를 알고 계시며, 그는 그분의 지극한 사랑을 받고 있습니다. 저도 수녀님을 위해 같은 은총을 구할 터이니, 우리 주님 안에 있는 저를 위해서도 부디 간구해 주시기 바랍니다.

하느님을 누리는 영혼은 오로지 하느님밖에 원치 않습니다

존경하는 신부님,

저와 같은 삶의 방식을 책에서는 찾지 못했으므로, 비록 크게 염려되는 것은 아니지만, 그래도 좀 더 확신을 갖고자 하여, 신부님께서는 제가 처한 상황에 대해 어떻게 생각하시는지 여쭙고자 합니다.

며칠 전, 한 신앙심 깊은 분과 대화를 나누었는데, 그분은 제게 영적인 삶이란 은총의 삶이라고 하면서 다음과 같은 이야기를 했습니다. 즉, 그런 삶은 종이 갖는 것과도 같은 두려움에서 시작하여 영원한 생명에 대한 희망으로 자라서 순수한 사랑으로 완성되는데, 그 각각의 상태 안에서도 여러 단계를 거치면서 마침내 행복한 완성에 이르게 되는 것이라고 말입니다.

저는 이제껏 이 모든 방법을 따라본 적이 없습니다. 그런 방법들은 왠지 모르지만 처음부터 두려움을 주었습니다. 바로 그런 이유로, 저는 수도 생활을 시작하면서부터 저의 죄에 대한 보상으로 저라는 사람 전부를 모두 하느님께 바치고, 그분께 대한 사랑을 위해 그분께 속하지 않은 일체의 것은 버리기로 결심했던 것입니다.

처음에는 기도할 때 대개 죽음, 심판, 지옥, 천국, 저 자신의 죄와 같은 것들을 생각했습니다. 몇 년 동안 그렇게 계속하면서, 나머지 시간에는, 심지어 일을 할 때도, 하느님의 현존에만 몰두했습니다. 하느님께서는 항상 제 가까이에 계시다고 느껴졌고, 때로는 바로 제 마음속에 계신 것만 같았습니다. 그러면서 하느님에 대한 경외심이 너무나 커졌으므로, 그 점에 있어서는 믿음만이 저를 만족시켜 줄 수 있었습니다.

어느새 기도 시간에도 하느님의 현존에만 몰두하게 되었고, 그럼으로써 크나큰 기쁨과 위로를 얻었습니다. 그렇게 해서 저의 방식이 시작되었습니다. 하지만 처음 10년 동안은 무척 괴로웠다는 점을 말씀드려야겠습니다. 제가 원하는 만큼 하느님께 온전히 속해 있지 못한 것이 아닌가 하는 염려, 항상 제 눈앞에 있는 과거의 죄, 그럼에도 하느님께서 제게 베푸신 크나큰 은혜, 그런 것들이 제 불행의 원인이었습니다. 그러는 동안 내내 저는 넘어지고 또다시 일어나고 했습니다. 제게는 모든 피조물과 이성과 하느님조차도 저를 대적하고 오로지 믿음만이 제 편인 것처럼 보였습니다. 때로는 다른 사람들은 오랜 노력 끝에 도달하는 지점에 단번에 이르렀다는 것이 제 스스로 생각해도 주제넘은 것 같기도 하고, 또 때로는 그 모든 것이 제멋대로 저주를 자초하는 일 같고 저를 위한 구원은 없는 것 같아 고민하기도 했습니다.

이런 고민과 불안 가운데서 하루빨리 생애를 마감하는 것만을 생각하고 있었는데(그렇다고 해서 하느님께 대한 신뢰가 덜해지기는커녕 제 믿음이 더해질 뿐이었지만), 갑자기 제 자신이 변한 것을 느끼게 되었습니다. 그때까지 줄곧 번민에 싸여 있던 제 영혼은 깊은 내적 평화 가운데 있는 것을 느꼈습니다. 마치 그 중심이자 안식의 장소에 있는 것만 같았습니다.

그 이후로 저는 하느님 앞에서 단순한 믿음을 가

지고 겸손과 사랑으로 일하며, 하느님께서 싫어하실 만한 것은 생각하지도 말하지도 행하지도 않으려고 애쓸 따름입니다. 제가 할 수 있는 것을 다하게 되면 하느님께서 저를 뜻대로 하시리라고 바라고 있습니다.

이즈음 제 마음속에 일어나는 일들은 말로 표현하기 힘듭니다. 제가 처한 상태에 대해 아무런 괴로움도 의심도 없는 것은, 하느님의 뜻 외에 제게 다른 아무 뜻도 없기 때문입니다. 저는 모든 일에서 하느님의 뜻을 수행하고자 힘쓰며 온전히 하느님의 뜻만을 따르고 있습니다. 그러므로 행여 그분의 명령을 거스르거나 혹은 그분에 대한 순수한 사랑 이외의 다른 동기에서라면 지푸라기 하나 들어 올리지 않을 것입니다.

저는 의무가 아닌 예배와 기도는 다 그만두고 오로지 하느님의 거룩하신 현존 안에 머무르는 데에 전념하고 있습니다. 그 안에서 저는 단순한 주의注

意와 전반적이고 애정 어린 시선으로 하느님을 우러러볼 뿐입니다. 이를 하느님의 현재적 현존 혹은 영혼이 하느님과 나누는 은밀하고 말없는 대화라 부를 수 있을 것입니다. 하느님과의 그런 친교는 때때로 저를 만족과 내적인 기쁨으로 충만케 하며 때로는 그 기쁨은 너무나 커서, 그것을 억제하고 겉으로 드러나는 것을 막기 위해, 외견상으로는 신앙적 행위라기보다 어리석음으로 보이는 유치한 행동을 하지 않을 수 없습니다.

요컨대, 존경하는 신부님, 저는 제 영혼이 30년 전부터 하느님과 동행해 왔음을 결코 의심할 수 없습니다. 신부님을 번거롭게 해 드리지 않으려고 다 말씀드리지 않은 일도 많습니다. 하지만 제가 저의 임금이신 하느님 앞에서 저 자신을 어떻게 생각하는가에 대해서는 말씀드리는 것이 옳으리라 생각합니다.

저는 모든 인간 가운데서도 가장 비참한 자입니

다. 숱한 상처로 찢어지고, 악취를 풍겨대며, 임금이신 하느님 앞에서 온갖 범죄를 저질렀습니다. 고통스러운 후회를 느끼며 하느님 앞에 제 모든 악행을 고하고 용서를 청하며 저를 당신 뜻대로 해 달라고 그분의 손에 저를 내맡깁니다. 그런데 선함과 자비가 무한하신 이 임금께서는 저를 벌하시기는커녕 다정히 안아 주시며 그분의 식탁에서 먹게 하시고 친히 제게 먹을 것을 주십니다. 제게 보물 창고의 열쇠를 주시고, 저를 마치 가장 사랑하시는 자식을 대하듯 대해 주십니다. 그분께서는 이루 말할 수 없을 만큼 다정하게 저와 대화하시고 저와 함께 있기를 기뻐하십니다. 그리고 제 죄의 용서에 대해 말씀하시거나 저의 오래된 습관을 없애려 하지 않으십니다. 저를 당신 뜻대로 해 달라고 기도드리지만, 하느님께서는 여전히 연약하고 비참한 저를 사랑스럽게 쓰다듬어 주십니다. 이상과 같은 것이 하느님의 거룩하신 현존 가운데서 제가 종종 돌아보게 되는 저의 모습입니다.

제 가장 일상적인 삶은 그처럼 단순한 주의와 사랑에 찬 시선으로 하느님을 우러러보는 것이며, 저는 그런 삶에 대해 어린아이가 유모의 젖에 매달려 느끼는 만족과 기쁨보다 더한 애착을 느낍니다. 그러므로, 만일 이런 말을 써도 된다면, 저는 그 상태를 기꺼이 "하느님의 젖"이라 부르겠습니다. 제가 거기에서 맛보고 체험하는 이루 말할 수 없는 감미로움은 그렇게나 표현할 수 있을 것입니다.

어쩔 수 없이 혹은 나약함 때문에 그런 상태에서 벗어날 때면, 하느님께서는 어찌나 다정하고 부드러운 내심의 동요로 저를 일깨워 주시는지, 다 말씀드리기가 쑥스러울 정도입니다. 저 같은 배은망덕하고 무자격한 자에게 하느님께서 베풀어 주시는 이런 크나큰 은혜보다는, 존경하는 신부님, 이미 잘 알고 계시는 바 제 비참함을 고려해 주시기 바랍니다.

제 기도 시간도 이와 같은 수련의 연장일 뿐입니다. 때로 저는 제 자신이 상像을 만들고자 하는 조각가 앞에 놓인 돌과도 같다는 생각을 합니다. 저 자신을 그렇게 하느님 앞에 내어놓으며, 아무쪼록 하느님께서 제 영혼 가운데 그분의 완전한 형상을 이루셔서 저를 그분과 전적으로 닮게 해 주시기를 기도합니다.

때로는, 기도를 시작하자마자, 제 모든 영혼이 아무런 노력 없이도 들어 올려져 마치 하느님 가운데에 머무는 것만 같은, 그분의 중심이자 안식의 장소에 떠 있는 것만 같은 때도 있습니다.

이런 상태를 나태와 기만과 자만으로 여길 사람들도 있을 것임을 저도 압니다. 만일 그런 상태에 있는 영혼이 나태와 자만에 빠질 수 있다면, 그것은 거룩한 게으름이자 행복한 자만일 것이라고 고백합니다. 왜냐하면 영혼이 그런 안식 가운데 있을 때는 전에 하던 행동에서 아무런 영향을 받을 수

제1부 하느님의 현존에 들어가다

없기 때문입니다. 전에는 영혼의 의지가 되던 행동이 이제는 그를 돕기보다는 방해가 되는 것입니다.

하지만 그것을 기만이라 부르는 것은 참을 수 없습니다. 왜냐하면 그런 상태에서 하느님을 누리는 영혼은 오로지 하느님밖에는 원치 않기 때문입니다. 만일 그것이 자기기만에 빠진 것이라면, 하느님께서 고쳐 주실 것입니다. 하느님께서 저를 뜻대로 하실 것이며, 저는 그분만을 원하고 온전히 그분께 속하기만을 원합니다. 하지만 제게 이 모든 일에 대한 신부님의 생각을 말씀해 주신다면 큰 도움이 되겠습니다. 저는 항상 신부님을 존경해 왔으며, 신부님의 고견을 존중하기 때문입니다.

사랑의 동기에서 하느님의 현존을 구하십시오

지극히 존경하는 수녀님,

오늘 N 자매로부터 책 두 권과 편지 한 통을 받았습니다. 그 자매는 서원을 준비하고 있으며 그 일을 위해 수녀님의 거룩한 공동체의 기도를 특별히 요청합니다. 그 자매가 그 기도에 크게 의지하고 있다고 하니 그녀를 실망시키지 말아 주십시오. 그 자매가 오직 하느님에 대한 사랑을 위해 그리고 온전히 그분께 속하겠다는 굳은 결단을 가지고 자신을 바칠 수 있도록, 하느님께 기도해 주시기 바랍니다. 그 책들은 하느님의 현존에 관한 것인데, 그중 한 권을 수녀님께 보내 드립니다. 제가 보기에는 영적인 삶 전체가 그 안에 들어 있다고 생각됩니다. 하느님의 현존을 제대로 연습하면 얼마 지나지 않아 온전히 영적인 삶을 살 수 있을 것입니다.

그러려면 다른 모든 것을 마음에서 비워야 합니다. 왜냐하면 하느님께서는 우리 마음을 온전히 소유하기를 원하시기 때문입니다. 그분께 속하지 않는 것들을 다 비워 내지 않으면 그분께서는 우리 마음을 온전히 소유하실 수 없고, 그러면 원하시는 대로 행하실 수가 없습니다.

하느님과 끊임없는 대화를 나누는 것보다 이 세상에 더 행복하고 즐거운 삶은 없습니다. 그분의 현존을 실제로 누리고 맛본 사람들만이 그것을 이해할 수 있지요. 하지만 저는 그런 동기로 하느님의 현존을 연습하라고는 권하지 않습니다. 우리가 하느님의 현존에서 구해야 하는 것은 위안이 아니기 때문입니다. 사랑의 동기에서, 하느님께서 그것을 원하시기 때문에, 그렇게 하자는 것입니다.

만일 제가 설교자라면, 저는 하느님의 현존을 연습하는 것 외에 다른 것은 설교하지 않겠습니다. 만일 제가 인도자라면, 저는 모든 사람에게 하느님의 현존을 연습하라고 권하겠습니다. 그만큼 저는 그것이 필요하고 또 쉬운 일이라고 생각합니다.

아! 만일 우리가 하느님의 은총과 구원을 얼마나 필요로 하는지 알기만 한다면, 우리는 결코 단 한

순간이라도 그분에게서 눈을 뗄 수 없을 것입니다. 제 말을 믿고, 지금부터는 결코 하느님에게서 멀어지지 말고 남은 생애를 그 거룩한 현존 가운데서 살겠다는, 거룩하고 확고한 결심을 하십시오. 만일 그분께서 필요하다고 생각하신다면 그분에 대한 사랑을 위해 하늘과 땅의 모든 위안을 버리게 되더라도 말입니다. 이 일에 곧바로 착수하십시오. 만일 제대로만 한다면, 곧 그 효과를 보게 될 것입니다. 저도 미약하나마 기도로 수녀님을 돕겠습니다. 수녀님과 수녀님의 거룩한 공동체에 하느님의 은총이 가득하기를 빕니다.

하느님을 신뢰하며 모든 염려에서 벗어나십시오

지극히 존경하는 수녀님,
수녀님께서 보내신 묵주를 N 양에게서 받았습니

다. 그런데 제가 보내 드린 책자에 대해 아무 말씀도 없으시니 뜻밖이군요. 분명 받으셨을 텐데 말이지요. 노년에라도 열심히 연습하십시오. 늦더라도 아예 안하는 것보다는 낫습니다.

저는 그리스도인들이 하느님의 현존을 누리지 않고서 어떻게 만족한 삶을 살 수 있는지 이해할 수 없습니다. 저로서는 할 수 있는 대로 제 영혼의 깊은 중심으로 들어가 그분과 함께 있고자 합니다. 그렇게 그분과 함께 있을 때면 아무것도 두렵지 않습니다. 하지만 조금이라도 거기서 벗어나면 지옥이지요.

이 연습은 육신을 죽이는 것이 아닙니다. 하지만 가끔씩, 어쩌면 자주, 정당하고 무죄한 작은 위안들을 거절하는 것도 좋겠지요. 왜냐하면 하느님께서는 전적으로 그분께 속하고자 하는 영혼이 그분과 함께 있는 것 이외의 다른 위안을 탐닉하게 두지는 않으실 테니까요. 그야 지극히 당연한 일이 아닙니까!

  하지만 제가 대단한 절제를 말하는 것은 아닙니다. 아니, 우리는 거룩한 자유 가운데 하느님을 섬겨야 합니다. 고민이나 불안 없이 신실하게 일하고 우리 영혼이 하느님에게서 멀어진 것을 발견할 때마다 조용하고 부드럽게 다시금 하느님께로 향하면 되는 것이지요.

  하지만 전적으로 하느님을 신뢰하고 다른 모든 염려에서 벗어날 필요가 있습니다. 심지어 특정한 신심 행위들에서도 벗어나야 합니다. 그런 행위들은 선한 것이지만, 종종 그릇되게 행해질 때가 있습니다. 요컨대 그것들은 목표에 이르기 위한 수단인 것이지요. 하느님의 현존을 연습할 때 우리는 우리의 목표이신 분과 함께 있게 되므로, 굳이 수단으로 돌아갈 필요가 없습니다. 때로는 흠숭과 찬미와 간구로, 때로는 봉헌과 감사로, 그 밖에 우리 정신이 생각해낼 수 있는 모든 방식으로, 그분과 사랑의 친교를 계속하면서 그 거룩한 현존 가운데 머물 수 있습니다.

인간의 본성에서 나오는 저항감에 대해서도 낙심하지 마십시오. 우리는 밀고 나가야 합니다. 처음에는 그 모든 것이 시간 낭비처럼 보일 수도 있습니다. 하지만 아무리 어렵더라도 죽기까지 인내할 결심으로 계속해야 합니다. 거룩한 공동체와 특히 수녀님께서 저를 위해 기도해 주시기 바랍니다.

영혼의 평화와 안식은 잠잘 때에도 찾아옵니다

지극히 존경하는 수녀님,

수녀님을 위한 제 기도는 비록 미약하나마 끊이지 않으리라고, 저는 당신께 약속드렸으며 그 약속을 지킬 것입니다. 복음서에서 말하는 보물을 발견할 수 있다면 우리는 얼마나 행복할까요! 그 나머지는 우리에게 아무것도 아닐 것입니다. 그 보물은 무한한 만큼, 파면 팔수록 더 큰 부요함을 발견하게 되겠지요. 쉬지 말고 그것을 구하며, 마침내 찾았다 할 때까지 그만두지 맙시다. ……

끝으로, 존경하는 수녀님, 저는 제가 무엇이 될지 모르겠습니다. 영혼의 평화와 정신의 안식은 제가 잠잘 때에도 찾아옵니다. 만일 제게 괴로움이 있다면, 도무지 아무런 괴로움도 없다는 그 한 가지일 것입니다. 그리고 만일 허락된다면, 저는 연옥이라는 것이 있어서 그곳에서는 제 죄에 대한 속죄를 감당하게 되리라는 생각으로 위안을 얻을 것입니다. 저는 하느님께서 저를 위해 마련해 두신 것을 알지 못합니다. 이처럼 평온한 상태에 있으니 저는 아무것도 두렵지 않습니다. 하느님과 함께 있는데 무엇을 두려워할 수가 있겠습니까? 저는 최대한 하느님께 속해 있습니다. 하느님께서 만민의 찬미를 받으시기를. 아멘.

마음을 조금 들어 올리는 것으로 충분합니다

부인,

우리 하느님께서는 무한히 선하시고 우리에게 있어야 할 것을 아시는 분이십니다. 저는 그분께서 부인을 극한 상황에 몰아넣으시리라고 늘 생각해 왔습니다. 하느님께서는 그분의 때에, 부인이 가장 기대하지 않았던 때에 오실 것입니다. 그 어느 때보다도 그분께 희망을 두십시오. 하느님께서 부인에게 베푸신 은총에 대해 저와 함께 감사합시다. 특히 그분께서 고뇌 가운데 부인에게 주신 인내와 강인함에 대해 감사합시다. 그것은 하느님께서 부인을 돌보신다는 분명한 증거입니다. 그러니 하느님 안에서 위로를 얻으시고 모든 일에 감사하시기 바랍니다.

저는 N 씨의 강인함과 용기에도 감탄하는 바입니다. 하느님께서는 그에게 좋은 천성과 선량한 의지를 주셨지만, 그는 많이 젊고 아직도 세속적인 요소가 남아 있습니다. 하느님께서 그에게 보내신 시련이 좋은 약이 되어 그가 자신을 돌아보는 계기가 되기를 바랍니다. 그것은 어디에나 자신과 동행하시는 분께 온전한 신뢰를 바칠 수 있는 기회가 될 것입니다. 그가 할 수 있는 대로 자주, 특히 위험 가운데서 더욱 하느님을 기억하기를 바랍니다.

 마음을 조금 들어 올리는 것으로 충분합니다. 하느님을 조금이라도 기억하고 마음속으로 경배를 드리면, 비록 검을 손에 들고 달릴 때일지라도, 비록 짧은 기도일망정 하느님께서는 어여삐 보십니다. 그리고 군인으로 하여금 위태로운 순간에 용기를 잃게 하시기는커녕 굳센 힘을 주십니다. 그러니 할 수 있는 대로 하느님을 기억하기 바랍니다. 이 대단하지 않으면서도 거룩한 연습에 조금씩 버릇이 들기 바랍니다. 아무도 그가 무엇을 하는지 눈치 채지 못할 것입니다. 하루에도 여러 번 이 마음속의 짧은 예배를 드리는 것보다 더 쉬운 일은 없습니다. 제가 여기 적은 방법대로 가능한 한 자주 하느님을 기억하도록 권해 주시기 바랍니다. 그것은 날마다 생명이 위태로운 군인에게야말로 적절하고 매우 필요한 연습입니다. 하느님께서 그와 온 가족을 지켜 주시기를 바랍니다.

온 정신으로 주님의 현존 가운데 몰두하십시오

지극히 존경하는 수녀님,

수녀님께서 제게 알려 오신 일은 전혀 새로운 것이 아닙니다. 잡념에 시달리는 사람은 수녀님만이 아니니까요! 우리의 정신은 제멋대로지만, 의지는 우리의 모든 정신을 다스립니다. 그러므로 의지를 통해 정신을 일깨워 궁극적 목표인 하느님께로 나아가야 할 것입니다.

정신이 처음부터 훈련되지 않으면, 멋대로 돌아다니며 산만해지는 나쁜 습관을 들이게 됩니다. 이런 버릇은 극복하기가 어렵고, 우리를 본의 아니게 세속적인 일로 끌고 가기 일쑤입니다.

그에 대한 방책은 역시 하느님 앞에 나아가 우리의 과오를 고백하고 자신을 낮추는 것이라고 생각합니다. 기도할 때 너무 많은 말을 하지 마십시오. 긴 말을 하다 보면 정신이 산만해지기 쉽습니다. 말 못하는 벙어리처럼, 부자의 문앞에 있는 온몸이 마비된 거지처럼, 하느님 앞에 잠잠하십시오. 온 정신으로 주님의 현존 가운데 몰두하십시오. 그럴 때 정신이 흐트러지고 잡념이 생긴다 해도, 너무 초조해하지 마십시오. 그런 초조함은 정신을 한데 모으기보다는 한층 더 산만하게 합니다. 단지 의지로 조용히 정신을 도로 불러들여야 합니다. 그렇게 꾸준히 한다면, 하느님께서도 가엾게 보시고 도와주실 것입니다.

기도하는 동안 조용히 정신을 모으는 쉬운 방법은 낮 동안에 지나치게 흥분하는 일이 없도록 하는 것입니다. 정신을 항상 하느님의 현존 가운데 두어야 합니다. 그리고 시시때때로 하느님을 기억하는 데 익숙해지면, 기도하는 동안에도 마음을 모으기가 쉬워질 것입니다. 적어도 방심할 때 도로 불러들이기도 쉽겠지요.

저는 제 다른 편지들에서 하느님의 현존을 연습함으로써 누릴 수 있는 유익에 대해 충분히 말씀드렸습니다. 진지하게 그 일에 힘쓰고 서로를 위해 기도합시다. N 자매와 N 수녀님의 기도를 부탁드립니다.

하느님을 더 자주, 깊이 생각하십시오

우리 선한 자매 N으로부터 받은 편지에 대한 답

장을 보내 드리니, 수고스러우시겠지만 자매에게 전해 주시기 바랍니다. 제가 보기에 자매의 의도는 극히 선하지만 은총을 너무 앞질러 가려는 것 같습니다. 우리가 단숨에 거룩해지는 것은 아닌데 말입니다! 그녀를 잘 돌보아주시기 바랍니다. 우리는 조언과 좋은 모범을 통해 서로 도와야 합니다. 자매가 믿음의 열의를 지니고 잘 순종하는지, 가끔씩 자매의 근황을 알려 주시면 감사하겠습니다.

우리가 이생에서 유일하게 해야 할 일은 하느님을 기쁘게 해 드리는 일뿐임을 자주 상기합시다. 그 나머지는 어리석고 헛된 것이 아니고 무엇이겠습니까? 우리는 수도 생활을 시작한 지 40년이 넘었습니다. 우리가 그 시간을 온전히 주님을 사랑하고 섬기는 데 썼다고 할 수 있을까요? 주님께서 자비롭게도 우리를 불러 주신 목표는 바로 그것인데 말입니다. 하느님께서 제게 베풀어 주셨고 여전히 베풀어 주시는 크나큰 은총과, 제가 그 은총을 얼마나 헛되이 흘려보냈으며 완덕의 길에서 유익을 얻지 못했던가를 생각하면 부끄러워 할 말이 없습니다.

그러나 자비하신 하느님께서 우리에게 시간을 좀 더 허락하셨으니, 새로운 마음으로 시작합시다. 잃어버린 시간을 만회합시다! 온전한 신뢰로 우리의 좋으신 아버지께 돌아가면 그분께서는 언제라도 다정하게 우리를 맞아 주실 것입니다. 친애하는 수녀님, 하느님께 대한 사랑을 위해 그분께 속하지 않은 일체의 것을 버립시다. 하느님께서는 그보다 무한히 더 큰 경배를 받으실 만한 분이십니다. 항상 그분을 생각하고, 그분께 우리의 전폭적인 신뢰를 바칩시다. 그러면 곧 그 효과를 체험할 것이며 그분 은총의 풍성함을 맛보게 되리라고 저는 믿어 의심치 않습니다. 그 은총으로 우리는 모든 것을 할 수 있지만, 그 은총이 없이는 죄를 지을 뿐입니다.

인생의 수많은 위험과 암초는 하느님의 실제적이고 지속적인 도움 없이는 피할 수 없습니다. 그분께 계속 청해야 합니다. 그분과 함께 있지 않고서 어떻게 청하겠습니까? 그분을 자주 생각하지 않고서 어떻게 그분과 함께 있겠습니까? 거룩한 습관에 의해서가 아니라면 어떻게 그분을 자주 생각하겠습니까? 제가 항상 같은 말만 한다고 하실지도 모르겠습니다. 사실이 그렇습니다. 그러나 저는 이보다 더 쉽고 좋은 다른 길을 알지 못합니다. 그리고 다른 길을 가본 적도 없으니, 누구에게나 이 길을 권하는 것입니다. 사랑하기에 앞서 알아야 하고, 하느님을 알기 위해서는 자주 그분을 생각해야 합니다. 그리고 우리가 하느님을 사랑하게 되면 좀 더 자주 그분을 생각하게 될 것입니다. 우리 보물이 있는 곳에 우리 마음도 있는 법입니다. 그분을 사주, 너 깊이 생각하시기 바랍니다.

마음을 성전 삼아 하느님과 애정 어린 대화를 나누십시오

부인,

부인의 처지를 깊이 동정합니다. 일에 대한 염려를 N 부부에게 맡기고 오로지 하느님께 기도하는 일에만 전념하신다면, 큰 변화가 일어날 텐데 말입니다. 하느님께서는 우리에게 대단한 일을 원하시는 것이 아닙니다. 시시때때로 잠깐씩 그분을 기억하고, 잠깐씩 흠숭을 드리면 됩니다. 때로는 은총을 구하고, 때로는 우리의 고통을 아뢰고, 때로는 우리의 일 가운데서 주신 은총에 감사드리고, 그분과 더불어 위로받기를 가능한 한 자주 하면 되는 것입니다. 식사를 할 때나 대화를 할 때나, 자주 마음으로 그분을 우러러 보십시오. 아주 잠깐 동안이라도 하느님을 기억하는 것을 그분께서는 무척 기뻐하십니다. 그러기 위해 소리 높여 외칠 필요는 없습니다. 그분께서는 우리가 생각하는 것보다 우리 곁에 가까이 계십니다.

하느님과 함께 있기 위해 항상 교회에 갈 필요는 없습니다. 우리는 우리 마음을 성전 삼아 시시때때로 그 안에 들어가 그분과 더불어 조용하고 겸허하게 애정 어린 대화를 나눌 수 있습니다. 모든 사람이 하느님과 이 친밀한 대화를 할 수 있는데, 어떤 이들은 더하고 어떤 이들은 덜할 따름입니다. 하느님께서는 우리의 능력을 잘 아십니다. 시작해 보십시오. 어쩌면 그분께서는 우리가 큰 맘 먹고 결단하기를 기다리고 계신지도 모릅니다. 용기를 내십시오. 우리에게는 살 날이 얼마 남지 않았습니다. 부인은 거의 예순네 살이고 저는 이제 여든 살이 다 되어 갑니다. 하느님과 함께 살고 죽읍시다. 그분과 함께 있을 때는 고통조차도 감미롭고 달가운 것이 될 것이며, 아무리 큰 기쁨이라 해도 그분 없이는 잔인한 고통이 될 것입니다. 그분께서 만민의 찬미를 받으시기를. 아멘.

제1부 하느님의 현존에 들어가다

그러니 하느님께 흠숭을 드리고 은총을 구하며 하루에도 여러 번씩, 일을 하는 동안에도, 할 수 있는 모든 순간마다 그분께 마음을 드리도록 차츰 버릇을 들이십시오. 특별한 규칙이나 예배 행위를 하느라 굳이 애쓰지 마십시오. 믿음 안에서 사랑과 겸손을 가지고 행하면 되는 것입니다. N 부부와 N 양을 위해 미약하나마 기도드리고 있다고 안심시켜 주십시오. 저는 주님 안에서 그들, 특히 부인의 종입니다.

일을 하거나 오락을 하는 동안에도 하느님을 생각하십시오

부인,
저는 N 씨에게 편지를 쓰기로 결심하기까지 무척 고심했습니다. 결국 그렇게 하는 것은 단지 부인과 N 부인께서 원하시기 때문입니다. 그러니 거기에 주소를 적어 그에게 전해 주시기 바랍니다. 저는 부인이 하느님을 그처럼 신뢰하는 것을 보니 기쁘고, 나날이 더욱 그렇게 되기를 희망합니다. 하느님처럼 선하고 신실하신 친구는 아무리 신뢰해도 지나치지 않을 것이니, 그분께서는 이 세상에서건 다음 세상에서건 결코 우리를 저버리지 않으실 것입니다.

  만일 N 씨가 겪은 상실에서 유익을 얻을 줄 안다면, 그리고 하느님을 전폭적으로 신뢰한다면, 하느님께서는 곧 그에게 훨씬 더 강인하고 선한 벗을 보내 주실 것입니다. 그분께서는 사람들의 마음까지도 뜻대로 움직이십니다. 아마도 돌아가신 분에 대해 애착이 지나쳤는지도 모릅니다. 우리는 친구들을 사랑해야 하지만 그렇다고 해서 최우선으로 해야 할 하느님에 대한 사랑을 뒷전으로 하면 곤란합니다. 이미 권해 드렸던 것을 반드시 기억하시기 바랍니다. 즉 밤이건 낮이건 일을 하고 운동이나 오락을 하는 동안에도 하느님을 자주 생각하라는 것입니다. 그분께서는 항상 당신 곁에 계시니 그분을 홀로 두지 마십시오. 찾아온 벗을 홀로 내버려 둔다면 무례한 일이 아니겠습니까? 하물며 어떻게 하느님을 홀로 내버려 둔단 말입니까? 그분을 잊지 마십시오! 자주 그분을 생각하고 끊임없이 경배하며 그분과 함께 살고 죽으십시오. 그것이 그리스도인의 영광스러운 임무요, 우리의 본분입니다. 만일 그 점을 모른다면 배워야 합니다. 서도 기도로 당신을 돕겠습니다. 저는 우리 주님 안에 있습니다.

영혼과 육신을 고치는 의사이신 분께 위로를 얻으십시오

지극히 존경하는 수녀님,

저는 하느님께 수녀님을 고통에서 구원해 주시기를 청하지 않습니다. 단지 하느님께서 정하시는 만큼 오래 수녀님이 그 고통을 감당할 수 있도록 힘과 인내심을 주십사고 간절히 기도하고 있습니다. 수녀님을 십자가에 붙들어 매신 분과 더불어 위로를 받으십시오. 그분께서는 적절하다고 여기시는 때에 수녀님을 풀어 주실 것입니다. 그분과 함께 고통을 겪는 사람들은 행복한 것입니다. 고통을 당하는 데 익숙해지고, 하느님께서 주시는 모든 고통을 그분께서 필요하다고 생각하시는 한, 견디기 위한 힘을 달라고 기도하십시오. 세상이 이런 진리를 이해하지 못한다고 해도 저는 놀라지 않습니다. 그들은 그리스도인으로서가 아니라 세상 사람으로서 고통을 당하니까요. 그들은 질병을 자연이 주는 괴로움이라 여길 뿐 하느님의 은총이라고는 생각하지 않습니다. 그러므로 자연에서 온통 거칠고 거슬리는 것만을 보게 되는 것이지요. 그러나 질병이 하느님의 손에서 나오는 것이며 그분 자비의 결과요, 그분께서 자신들의 구원을 위해 사용하시는 도구라 여기는 이들은 거기에서 크나큰 위로와 기쁨을 맛봅니다.

하느님께서는 우리가 완전한 건강을 누릴 때보다 병들고 상처 입었을 때 우리에게 더 가까이 계시다는 것을 수녀님도 알았으면 합니다. 그분 외에 다른 의사를 구하지 마십시오. 제가 아는 한, 하느님께서는 홀로 수녀님을 치유해 주시기를 원하십니다. 모든 신뢰를 그분께 두십시오. 그러면 곧 그 효과를 보게 될 것입니다. 하지만 우리는 하느님보다 세상 치료법을 더 신뢰한 나머지 치유를 지연시키곤 합니다.

수녀님이 사용하는 치료법들도 하느님께서 허락하시는 한에서 도움이 되는 것입니다. 만일 고통이 하느님으로부터 오는 것이라면 오로지 그분만이 고치실 수 있습니다. 하느님께서는 종종 영혼의 병을 고치시기 위해, 우리가 육신의 병에 걸리도록 내버려 두기도 하십니다. 그러니 영혼과 육신을 모두 고치시는 의사이신 분과 더불어 위로를 얻으십시오.

수녀님은 제가 주님의 식탁에서 먹고 마시는 특권을 누린다고 생각할지도 모릅니다. 맞습니다. 그러나 수녀님은 생각해 보신 적이 있습니까? 세상에서 가장 죄 많은 자가 임금의 식탁에서 임금의 시중을 받으면서, 그분의 용서를 확신할 수 없다면 얼마나 고통스럽겠습니까? 저는 그가 그 커다란 고통을 느끼리라 생각합니다. 임금의 선하심에 대한 신뢰만이 그 고통을 경감시킬 수 있는 것입니다. 그러므로 수녀님에게 확언합니다. 제가 임금의 식탁에서 먹고 마시면서 그 어떤 대단한 기쁨을 맛본다 해도, 제 죄악이 항시 눈앞에 있으며 제가 용서받는지에 대한 불안감이 저를 괴롭히고 있다고 말입니다. 사실은 그런 고통조차도 저에게는 감미로운 것이지만요.

그러니 하느님께서 수녀님을 두신 그 자리에서 만족하십시오. 수녀님이 아무리 저를 행복한 사람이라고 해도, 저는 수녀님이 부럽습니다. 고통도 하느님과 함께 겪을 수 있다면 천국이 될 것입니다. 가장 큰 기쁨과 즐거움도 하느님 없이 맛보아야만 한다면 저에게는 지옥이나 다름없습니다.

저는 곧 하느님을 뵈러 갈 사람입니다. 굳이 말하자면 결산을 하기 위해서 말입니다. 제가 하느님을 단 한순간이라도 뵐 수 있다면 연옥의 징벌이 설령 이 세상이 끝날 때까지 계속된다 해도, 제게는 감미로울 것입니다. 이 세상에서 저를 위로해 주는 것은 믿음 가운데서 하느님을 볼 수 있다는 것입니다. 저는 가끔 이렇게 말하기도 합니다. "나는 믿는 게 아니라 본다. 믿음이 우리에게 가르치는 바를 체험하고 있다." 이런 확신과 신앙 원칙에서 저는 하느님과 더불어 살고 죽을 것입니다.

그러니 항상 하느님과 함께하십시오. 그것이 수녀님의 불행에 대한 유일한 위안입니다. 저도 하느님께서 수녀님과 함께해 주시기를 기도하겠습니다. 지극히 존경하는 원장 수녀님께도 문안드리며, 그분과 거룩한 공동체와 수녀님의 기도에 저를 의탁합니다.

하느님을 만나는 연습을 꾸준히 하십시오

존경하는 수녀님,

수녀님은 제가 하느님의 현존이라는 상태에 이르기 위해 취하는 방법에 대해 알려 달라고 간청하셨습니다. 하느님의 현존은 우리 주님께서 자비 가운데 허락하신 것으로, 수녀님이 하도 조르시므로 거기 이르는 방법을 어쩔 수 없이 알려드리기는 하겠습니다. 이렇게 하는 것이 썩 내키지는 않습니다. 단, 제 편지를 다른 누구에게도 보이지 말아 주시기 바랍니다. 만일 수녀님이 그것을 다른 사람에게 보이리라고 생각한다면 아무리 제가 수녀님의 영적 성장을 바란다 하더라도 이런 편지는 쓰지 않을 것입니다. 그 방법에 대해 제가 수녀님에게 드릴 수 있는 말씀은 다음과 같습니다.

저는 여러 권의 책에서 하느님께 나아가는 제각기 다른 방법들과 경건 생활의 다양한 지침을 발견했습니다. 그리고 그런 것은 제가 구하는 것을 찾는 데 도움을 주기는커녕 오히려 제 정신을 혼란하게 만든다는 생각이 들었습니다. 제가 구하는 것이란 온전히 하느님께 속하는 방법이었지요. 그래서 저는 모든 것을 위해 모든 것을 바치기로 결심했습니다. 즉, 제 죄에 대한 보속으로 저 자신을 온전히 하느님께 드리고, 그분에 대한 사랑을 위해 그분께 속하지 않은 일체의 것을 버렸던 것입니다. 그래서 세상에 마치 하느님과 저밖에 없는 듯이 살기 시작했습니다. 때로는 마치 심판관의 발치에 엎드린 가련한 죄인 같은 느낌이 들기도 했고, 때로는 마음속으로 제 아버지이며 제 하느님이신 그분을 만나기도 했습니다. 저는 할 수 있는 대로 자주 마음속으로 그분을 경배했고, 그 거룩한 현존 가운데 몰두했으며, 정신이 흐트러질 때마다 다시금 가다듬곤 했습니다. 이런 연습이 쉽지는 않았지만, 어려움 속에서도 저는 포기하지 않고 꾸준히 연습을 계속했습니다. 본의 아니게 산만해질 때도 걱정하거나 실망하지 않았습니다. 기도 시간에는 물론이고 낮 동안에도 그런 연습을 게을리하지 않았습니다. 왜냐하면, 어느 때에나, 매 시간 매 순간, 제 일이 가장 바쁠 때에라도, 저는 하느님을 묵상하는 데 방해가 될 만한 것은 일체 멀리했으니까요.

존경하는 수녀님, 이것이 제가 수도 생활을 시작한 이래로 꾸준히 해 온 연습입니다. 비록 게으르고 불완전하게밖에는 하지 못했지만, 그래도 큰 유익을 얻었습니다. 저는 그런 유익이 주님의 선하심과 자비하심 덕분에 주어진 것임을 잘 압니다. 왜냐하면 우리는 하느님을 떠나서는 아무것도 할 수 없기 때문이며, 저는 누구보다 더욱 그러합니다. 그러나 우리가 하느님의 거룩한 현존 가운데 신실하게 머물며 항상 우리 앞에 계신 그분을 생각한다면, 그분을 거역하는 일을 하지 않는 것은 물론이고 그분께 거슬릴 만한 일은 하지 않게 됩니다. 적어도 의도적으로 그러지는 않게 되지요. 또한, 그런 식으로 하느님을 생각하다 보면 우리는 필요한 은혜를 그분께 구하는 데에 거룩한 자유를 누리게 됩니다. 그리고 이런 행동을 반복하다 보면 점차 익숙해져서, 하느님의 현존이 자연스럽게 됩니다. 그분께서 제게 베푸신 선하심에 대해 영광을 돌립시다. 저 같은 가련한 죄인에게 하느님께서 베푸신 수많은 은혜를 어찌 다 찬미하겠습니까! 주님께서는 만민의 찬미를 받으시기를, 아멘.

하느님은 여러 가지 길로 우리를 이끄십니다

선하신 수녀님,

만일 우리가 하느님의 현존 안에 거하는 훈련이 잘 되어 있다면, 육신의 모든 질병이 훨씬 가볍게 느껴질 것입니다. 하느님께서는 종종 우리 영혼을 정화하시고 우리로 하여금 그분 안에 머물도록 강권하시기 위해 육신의 질병을 겪게끔 하십니다. 저는 하느님과 함께 있고 그분만을 원하는 영혼이 어떻게 괴로워할 수 있는지 이해할 수 없습니다. 그럴 수 없다고 믿을 만큼 충분한 경험도 겪었습니다.

용기를 내십시오. 수녀님의 괴로움을 끊임없이 하느님께 바치고, 견딜 힘을 달라고 기도하십시오. 무엇보다도 자주 하느님과 더불어 대화하는 버릇을 들이고 가능한 한 그분을 잊지 마십시오. 당신의 연약함 가운데 그분께 경배하고, 시시때때로, 특히 고통이 가장 심할 때에 자신을 그분께 드리십시오. 겸손하고 애정 깊게, 마치 아이가 인자한 아버지에게 하듯이 하느님의 거룩한 의지에 일치하기를 구하고 그분의 은총의 도움을 구하십시오. 저도 미약하고 보잘것없는 기도로나마 수녀님을 돕겠습니다.

하느님께서는 여러 가지 길을 통해 우리를 그분께로 이끄십니다. 때로 그분께서는 우리에게 안 보이게 숨어 계시지만, 믿음만은 필요할 때 우리를 저버리지 않고 우리를 지탱해 주고 하느님에 대한 선폭석인 신뢰의 기초가 되어 줍니다.

저는 하느님께서 저를 가지고 무엇을 만드시려는지 모르겠습니다. 그럼에도 저는 나날이 더 만족합니다. 온 세상이 괴로워하는데, 혹독한 참회를 치러야 할 저만은 이처럼 항상 기쁨 가운데 있다니, 기쁨을 억누르려 하지만 잘 안 됩니다.

제가 만일 자신의 약함을 알지 못한다면 저는 수녀님의 고통 일부를 제게 옮겨 달라고 기도했을 것입니다. 그런데 저는 얼마나 약한지 만일 하느님께서 한순간이라도 저를 혼자 내버려 두신다면 저는 모든 피조물 중에 가장 비참한 자가 될 것입니다. 하지만 우리가 먼저 하느님에게서 멀어지지 않는 한 그분께서는 우리에게서 결코 멀어지지 않으시니, 어떻게 그분께서 저를 홀로 내버려 두실 수 있을지 모르겠습니다. 믿음 가운데서는 마치 손을 내밀면 그분께 닿을 것처럼 느껴집니다. 하느님에게서 멀어지지 맙시다. 항상 그분과 함께 있고, 그분과 함께 살고 죽읍시다. 저를 위해 기도해 주십시오. 저도 수녀님을 위해 기도하겠습니다.

하느님께 고통을 견딜 용기와 힘을 구하십시오

선하신 수녀님,
수녀님이 그토록 오래 고통을 겪으시는 것을 보

니 마음이 아픕니다. 그래도 수녀님의 고통에 대해 제가 느끼는 연민이 다소 덜어지는 것은 그 고통이 하느님께서 수녀님을 사랑하시는 증거라고 생각되기 때문입니다. 수녀님도 이렇게 생각하면 고통을 견디기가 훨씬 쉬워질 것입니다. 제 생각에 수녀님은 모든 인간적인 치료법을 버리고 하느님의 섭리에만 전폭적으로 스스로를 내맡겨야 할 것 같습니다. 아마도 하느님께서는 그러한 포기와 당신께 대한 완벽한 신뢰를 보이는 수녀님을 고쳐 주기를 기다리고 계신지도 모릅니다. 왜냐하면, 수녀님이 아무리 애를 써도, 세상의 치료법들은 소기의 효과를 거두지 못하며 오히려 병이 위중해지기만 하니 말입니다. 그러니 자신을 하느님 손에 맡기고 그분의 처분만을 기다린다는 것이 꼭 하느님을 시험하는 일은 아닐 것입니다.

지난번 편지에서 이미 말씀드렸듯이, 때로 하느님께서는 우리 영혼의 질병을 고치시기 위해 육신의 고통을 허락하십니다. 그러니 용기를 내고, 고통을 자진해서 받아들이십시오. 하느님께 육신의 고통에서 건져 주시기를 빌지 말고 그분에 대한 사랑을 위해 그분께서 뜻하는 만큼 오랫동안 견딜 용기와 힘을 구하십시오.

사실 이런 기도는 하기 어렵습니다만, 하느님께는 기뻐 받으실 만한 것이요, 하느님을 사랑하는 이들에게는 덕이 됩니다. 사랑은 고통을 완화시키며, 사람이 하느님을 사랑하면 그분을 위해 기쁘고 용감하게 고통을 받아들이지요. 부디 수녀님도 그렇게 하시기 바랍니다. 우리의 모든 불행에 유일한 방책이 되신 분과 더불어 위로를 받으십시오. 하느님께서는 고통당하는 이들의 아버지이시며 항상 우리를 돕고사 하십니다. 그분께서는 우리가 생각하는 것보다 더 무한히 우리를 사랑하십니다. 그러니 그분을 사랑하고 그분 안에 있는 것 외의 다른 위안을 구하지 마십시오. 저도 미약하나마 기도로 수녀님을 돕겠습니다.

성 토마스 사도 축일인 오늘 아침, 저는 수녀님을 생각하며 성체를 영했습니다.

계속해서 문을 두드리십시오

친애하는 수녀님,

수녀님이 원하던 대로 고통에서 다소 벗어났다니 주님께 감사드립니다. 저도 여러 번 죽을 고비를 넘겼지요. 죽을 수만 있다면 그 이상 만족할 일이 없겠지만 말입니다. 그래서 저는 위안을 구하지 않으며, 용감하고 겸손하고 애정 깊게 고통을 견디는 힘을 달라고 간구합니다. 용기를 내십시오, 수녀님! 아, 하느님과 더불어 고통을 겪는 것은 얼마나 행복한지요! 고통이 아무리 클지라도 사랑으로 받아들이십시오. 고통을 겪으며 그분과 함께 있는 것이 곧 낙원이니 말입니다. 그러니, 만일 이생에서부터 낙원의 평안을 누리고자 한다면, 하느님과 더불어 친밀하고 겸손하고 애정 깊은 대화를 나누는 데 익숙해져야 합니다. 우리 정신이 잠시라도 그분에게서 멀어지지 말아야 합니다. 우리 마음을 영혼의 전殿으로 바치고, 그 안에서 끊임없이 그분을 경배해야 합니다. 그분을 거스를 수 있는 것은 생각하지도 말하지도 행하지도 않도록 끊임없이 우리 자신을 감독해야 합니다. 그렇게 해서 우리가 하느님만을 생각하게 되면 고통은 곧 즐거움이고 유약油藥이며 위안이 될 것입니다. 그런 상태에 이르기 위한 시작은 매우 힘들며 순전히 믿음 가운데서 행해야 한다는 것을 저는 압니다. 우리는 주님의 은총 안에서 모든 것을 할 수 있으며, 그분께서 끈질기게 은총을 구하는 사람의 청을 결코 거절하지 않으신다는 것도 압니다. 문을 두드리십시오. 계속하여 두드리십시오. 수녀님이 물러서지만 않

제1부 하느님의 현존에 들어가다

는다면, 때가 되면 반드시 열어 주실 것입니다. 그리고 여러 해 동안이나 미루어 오셨던 것을 한순간에 주실 것입니다.

이제 작별을 고합니다. 제가 수녀님을 위해 하느님께 기도하듯이, 저를 위해서도 기도해 주십시오. 저는 곧 그분을 뵙게 되기를 희망합니다.

하느님께서 우리 안에 계시니, 다른 데서 찾지 마십시오

선하신 수녀님,

하느님께서는 우리에게 있어야 할 것을 잘 아시며, 그분께서 행하시는 모든 것은 우리의 유익을 위한 것입니다. 만일 하느님께서 얼마나 우리를 사랑하시는지 우리가 안다면, 그분의 손으로부터 달거나 쓴 것을 가리지 않고 똑같이 받을 준비가 될 것입니다. 가장 괴롭고 힘든 것들조차도 달갑고 즐

겹게 느껴질 것입니다. 가장 어려운 고통도 자세히 들여다보면 대개 정말로 참기 힘든 것은 일부분입니다. 우리에게 온 것이 하느님의 손길이라고, 우리를 굴욕과 고통과 불행 가운데 두신 분이 사랑의 아버지라고 확신할 수만 있다면 모든 슬픔이 일시에 사라지고 즐거움만 남을 것입니다.

오로지 하느님을 아는 일에 힘씁시다. 하느님은 알면 알수록 더 알고 싶어지는 분이십니다. 사랑은 대개 아는 만큼이니, 더 깊이 더 넓게 알수록 사랑은 더 커집니다. 만일 사랑이 크다면, 우리는 고통이나 위안 가운데서 똑같이 그분을 사랑할 것입니다.

하느님께서 우리에게 베풀어 주신 혹은 앞으로 베풀어 주실 은총 때문에 그분을 구하고 사랑하는 단세에 너무르시는 맙시다. 그 은혜가 아무리 고상한 것이라 할지라도 말입니다. 그런 호의는 아무리 크다 해도 우리를 아주 작은 믿음의 행위만큼도 우리를 하느님 앞으로 가까이 이끌어 주지 못합니다.

하느님께서는 우리 안에 계시니, 다른 데서 찾지 맙시다. 그분께서 기뻐하지 않으시고 심지어는 진노하실 만한 온갖 시시한 것들로만 분주해서 그분을 홀로 둔다면 무례하고 죄를 짓는 일이 아니겠습니까? 물론 그분께서는 그런 것도 참아 주시지만, 언젠가는 그 모든 것에 대해 비싼 대가를 치르게 될 것입니다. 우선 우리 마음과 정신에서 하느님께 속하지 않은 일체의 것을 추방해 버림으로써, 온전히 그분께 속하는 데서부터 시작합시다. 그분께서는 우리에게 전부가 되고 싶어 하시니, 이 은총을 구합시다. 만일 우리가 우리 편에서 할 수 있는 일을 한다면, 곧 우리 안에서 바라던 변화가 일어나는 것을 보게 될 것입니다. 저는 하느님께서 수녀님에게 주신 잠깐의 휴식에 대해 이루 다 감사드릴 수가 없습니다.

  하느님의 자비하심으로 며칠 후에 그분을 뵙게 되기를 희망합니다. 서로를 위해 기도합시다.

제3장

하느님의 현존 연습

❖

영적인 삶에서 가장 거룩하고 필요한 연습은 하느님의 현존이다. 그것은 하느님과의 거룩한 동행을 즐겨 하고 거기에 익숙해지는 것이다. 언제나, 매 순간, 정해진 규칙이나 제한 없이, 특히 시험과 고통과 메마름과 역겨움과 불충실과 죄악 가운데서도, 그분과 더불어 겸손하고 애정 깊은 대화를 나누는 것이다.

❖

모든 행동이 어느 것이나 구별 없이 하느님과의 작은 대화가 되게끔 꾸준히 노력해야 한다. 하지만 일부러 그러는 것이 아니라 순수하고 단순한 마음에서 우러나오게끔 해야 한다.

❖

모든 행동을 신중하고 절도 있게 해야 한다. 성급하고 과격한 행동은 산만한 정신을 드러낸다. 하느님과 함께 일할 때는 부드럽게, 조용하고 다정하게 해야 하며, 그분께 우리의 일을 기꺼이 받아 주시기를 기도해야 한다. 하느님에 대한 이 지속적인 관심으로 우리는 마귀를 쳐부수고 마귀의 손에서 무기를 떨어뜨릴 수 있을 것이다.

❖

우리는 일이나 그 밖의 다른 행동을 할 때, 독서

처럼 정신적인 일을 하거나 통성 기도 같은 외적인 예배를 드릴 때에도, 잠깐씩 중단하고 우리 마음속 깊은 곳에서 하느님을 흠숭해야 한다. 가능한 한 자주, 때로는 그저 스쳐 지나가는 것처럼, 몰래라도 그분을 찬미하고 그분께 도움을 청하며 우리 마음을 드리고 감사를 드려야 한다. 하루에도 수천 번씩 모든 피조물을 떠나 마음속으로 물러가 그분을 예배하는 것 이상으로 하느님께서 흡족해하실 일이 있겠는가? 창조주와 단 한순간을 누리기 위해 피조물을 수천 번씩 버리는 것보다 하느님께 우리의 신실함을 보여 드릴 더 큰 증거도 없을 것이다. 이처럼 마음속으로 하느님께 돌아가는 일은 우리를 피조물 가운데 있는 어쭙잖은 자만심에서 차츰 벗어나게 해 줄 것이다.

❖

하느님의 현존은 영혼의 생명이며 양식으로, 주

님의 은혜로 얻을 수 있다. 그리고 그러기 위한 수단은 다음과 같다. 첫 번째는, 지극히 순결하게 사는 것이다. 그분을 거스를 수 있는 것은 생각하지도 말하지도 행하지도 않도록 끊임없이 우리 자신을 감독하면서 말이다. 그리고 혹시 그 비슷한 일이 생기면 그분께 겸손하게 용서를 구하고 참회를 하는 것이다. 또한 하느님의 현존과 자기 안에서 하느님을 향하는 내적 시선을 꾸준히 연습하는 것이다. 이 연습은 항상 부드럽고 겸손하게 사랑 안에서 이루어져야 하며, 어떤 불안이나 조바심이 끼어들어서는 안 된다.

❖

외적인 행동을 하기에 앞서 잠깐이라도 이 내적 시선으로 하느님을 바라보아야 하며, 행동을 하는 중간 중간에도, 또 행동을 끝마칠 때에도 그래야 한다. 이 거룩한 습관을 잊었을 때에도 동요해서는 안 된다. 그저 조용히 다시 시작하기만 하면 된다. 일단 습관이 되면, 모든 것이 즐겁게 이루어질 것이다.

❖

이런 상태에 이르기 위해서는 감각을 절제할 필요가 있다. 영혼이 세속적인 쾌락에 대해 조금이라도 애착을 갖는 한, 하느님의 거룩한 현존을 완전히 누리기란 불가능하다. 하느님과 함께 있기 위해서는 세속적인 것들을 절대적으로 떠나야만 한다.

❖

하느님께서는 우리 마음을 온전히 소유하기를 원하신다. 우리가 마음에서 그분께 속하지 않는 깃들을 다 비워 내지 않으면, 그분께서는 뜻하시는 바를 행하실 수가 없다.

❖

 하느님께서는 종종 우리가 눈이 멀었음을 탄식하며, 하찮은 것으로 만족하는 우리가 불쌍하다고 말씀하시곤 한다. "나는 너희에게 줄 무한한 보배를 가지고 있다. 그런데 너희는 한순간 지나가 버리는 작은 예배 행위로 만족한다." 그런 식으로 우리는 하느님의 손을 묶고, 그분의 풍성한 은총을 제한하고 있는 것이다.

❖

 하느님의 현존 연습에서 진보하기 위해 유용한 또 한 가지는 전적으로 하느님을 신뢰하고 다른 모든 염려에서 벗어나는 것이다. 심지어 특정한 신심 행위들에서도 벗어나야 한다. 그런 행위들은 선한 것이지만, 종종 그릇되게 행해질 때가 있다. 요컨대 그것들은 목표에 이르기 위한 수단인 것이다. 하느님의 현존을 연습할 때 우리는 우리의 목표이신 분과 함께 있게 되므로, 굳이 수단으로 돌아갈 필요가 없다. 때로는 흠숭으로, 때로는 봉헌과 감사로, 그 밖에 우리 정신이 생각해낼 수 있는 모든 방식으로, 우리는 하느님과 사랑의 교제를 계속하면서 그 거룩한 현존 가운데 머물 수 있다.

❖

하느님과 함께 있기 위해 항상 교회에 갈 필요는 없다. 우리는 우리 마음을 성전 삼아 시시때때로 그 안에 들어가 하느님과 더불어 조용하고 겸손하게 애정 깊은 대화를 나눌 수 있다. 모든 사람이 그분과 이 친밀한 대화를 할 수 있다.

❖

마음을 조금 들어 올리는 것으로 충분하다. 비록 검을 손에 들고 달릴 때라 할지라도 하느님을 조금이라도 기억하고 마음속으로 경배를 드리면 된다. 그것이 비록 짧은 기도일망정 하느님께서는 어여삐 보시고, 군인으로 하여금 위태로운 순간에 용기를 잃게 하시기는커녕 굳센 힘을 주신다. 그러니 할 수 있는 대로 하느님을 기억해야 한다. 이렇게 기도하는 방식은 날마다 생명이 위태로운 군인에게 매우 적절하고 필요한 것이다.

❖

이렇게 하느님의 현존을 연습하는 것은 기도를 잘하는 데에도 매우 도움이 된다. 왜냐하면 정신이 낮 동안에 지나치게 흥분하지 않게 하고 항시 하느님의 현존 가운데 둠으로써, 기도하는 동안에도 조용히 마음을 모으기가 더 쉬워질 것이기 때문이다.

❖

모든 인생은 수많은 위험과 암초로 가득하며, 하느님의 지속적인 도움 없이는 그것들을 피해갈 수 없다. 하지만 하느님과 함께 있지 않고서야 어떻게 도움을 구하겠는가? 그분을 자주 생각하지 않고서야 어떻게 그분과 함께 있겠는가? 항상 그분의 현존 가운데 머무는 거룩한 습관이 아니면 어떻게 그분을 자주 생각하겠는가?

❖

인생의 고통 가운데서 하느님과의 친밀한 대화만큼 우리를 위로해 주는 것은 없다. 그런 대화를 신실하게 연습한다면, 육신의 모든 질병이 훨씬 가볍게 느껴질 것이다. 하느님께서는 종종 우리 영혼을 정화하시고 우리로 하여금 당신과 함께 머물도록 강권하시기 위해 육신의 질병을 겪게끔 허락하신다. 하느님과 함께 있고 그분만을 원하는 사람이 어떻게 괴로워할 수 있겠는가? 그러므로 우리의 연약함 가운데 그분께 경배하고, 시시때때로 우리의 고통을 그분께 드리며, 마치 아이가 인자한 아버지에게 하듯이 사랑 안에서 그분의 거룩한 의지에 일치하기를 구하고 그분의 은총의 도움을 구해야 한다.

❖

이 짧은 기도들은 병든 사람들에게 매우 적절하며 고통에 대한 탁월한 방책이 되어 준다.

❖

고통을 겪으며 하느님과 함께 있는 것이 곧 낙원이다. 그러기 위해서는 고통 가운데서 하느님과 친밀한 대화를 나누는 데 익숙해져야 하며, 우리 정신이 잠시라도 그분에게서 멀어지지 않도록 해야 한다. 하느님을 거스를 수 있는 것은 아플 때조차 위안을 핑계로라도 생각하지도 말하지도 행하지도 않도록 끊임없이 우리 자신을 감독해야 한다. 그렇게 해서 우리가 하느님만을 생각하게 되면 고통은 곧 즐거움이며 유약이며 위안이 될 것이다.

❖

 세상이 이런 진실을 이해하지 못한다고 해서 나는 놀라지 않는다. 그들은 질병을 자연이 주는 괴로움이라 여길 뿐 하느님의 은혜라고는 생각지 않는다. 병이 하느님의 손에서 나오는 것이며 그분의 자비의 결과요 그분께서 자신들의 구원을 위해 사용하시는 도구라 여기는 이들은 거기에서 크나큰 위로와 기쁨을 맛본다.

제2부

하느님의 사람, 부활의 로랑 형제

제1장

대화

하느님께 자신을 온전히 내맡기기

❖

나는 로랑 형제를 처음 만났다. 그는 자신이 회심한 데에는 하느님의 특별한 은총이 있었다고 이야기했다. 그가 열여덟 살이던 해, 아직 세속에 있을 때의 일이었다. 어느 겨울 날, 잎이 다 저 버린 앙상한 나무를 바라보면서 이제 얼마 후면 다시금 잎이 나고 꽃이 피고 열매를 맺겠구나 하는 생각을 하다가, 하느님의 섭리와 권능을 깊이 깨달았다고 한다. 이후로 그 깨달음은 그의 영혼에서 결코 지워지지 않았다. 덕분에 그는 세상을 미련 없이 등졌고 하느님을 어찌나 사랑하게 되었던지, 그 은총을 받은 후로 40여 년이 지난 후에도 하느님에 대한 사랑이 더 커졌다고밖에 말할 수 없을 정도였다.

❖

로랑은 한때 국고 출납관인 무슈 드 피외베의 하인으로 일했는데, 너무나 둔해서 뭐든 깨뜨리기 일쑤였다.

❖

로랑이 수도원에 들어가기를 자원한 것은, 그곳에서는 자기가 저지를 우둔함과 실수들에 대해 살가죽을 벗기는 혹독한 벌을 받을 테고, 그럼으로써 하느님께 자신의 생명과 모든 쾌락을 내어 드릴 수 있으리라는 생각에서였다. 그러나 하느님께서는 오히려 그가 만족스러운 일밖에 하지 못하게 하셨다. 그래서 그는 종종 하느님께 말씀드리곤 했다. "저를 속이셨군요!"

❖

로랑은 항상 하느님과의 대화를 통해 그분의 현존 가운데 머물러야 하며, 시시한 세상 일을 생각하느라 그분과의 대화를 멀리하는 것은 수치스러운 일이라고 말했다. 영혼은 하느님에 대한 숭고한 생각으로 살찌워야 하며, 그럼으로써 우리는 그분께 속한다는 크나큰 기쁨을 누릴 수 있을 것이다. 우리 믿음을 소생시켜야만 한다. 우리에게 그토록 믿음이 적다는 것, 믿음을 우리의 행동 지침으로 삼지 않고 나날이 변하는 어쭙잖은 신앙생활에 만족한다는 것은 딱한 일이다. 믿음의 길이야말로 교회의 정신이며, 완전함으로 가는 길이다.

❖

 우리는 일상적인 면에서나 영적인 면에서나 하느님께 전적으로 그리고 순수한 헌신으로 자신을 드리고, 그분께서 우리를 고난과 위로 중 어느 쪽으로 인도하시건 간에 그분의 뜻을 행하는 데서 만족을 누려야 한다. 진정으로 자신을 하느님께 내맡긴 이에게는 고난과 위로가 다르지 않을 터이다! 영혼이 메마른 시절에도 믿음을 굳게 지켜야 할 것이니, 그 메마름을 통해 하느님께서는 그분에 대한 우리의 사랑을 시험하신다. 그럴 때야말로 우리는 자신을 거듭 하느님께 드려야 하며, 때로는 단 한 번의 헌신이 큰 진보를 가져오기도 한다.

❖

 로랑은 날마다 듣게 되는 세상의 비참과 죄악에 전혀 놀라지 않았다. 인간의 죄성을 생각하면 세상이 한층 더 비참하고 죄로 물들지 않은 데에 오히려 놀랄 지경이었다. 그는 죄인을 위해 기도는 하지만, 하느님께서는 원하시기만 하면 언제라도 고치실 수 있다는 것을 알기 때문에 지나치게 마음을 쓰지는 않는다는 것이었다.

❖

하느님께서 우리에게 바라시는 만큼 그분께 우리를 드리기 위해서는 영혼의 모든 움직임을 주의 깊게 살펴야 한다. 우리 영혼은 영적인 일들뿐 아니라 극히 조잡한 세상사에도 관여해야 하기 때문이다. 이 점에 있어서도 하느님께서는 진정 그분께 속하고자 하는 이들에게는 빛을 주신다. 만일 내가 진정 하느님께 속하고자 한다면 행여 자기를 귀찮게 할까 두려워하지 말고 언제라도 도움을 청해도 좋다고 로랑은 말했다. 하지만 그럴 의향이 없다면, 찾아오지 말라고 했다.

하느님에 대한 사랑을 위하여

❖

로랑은 자신이 항상 사랑에 이끌렸다고 말했다. 그는 다른 어떤 이익도 구하지 않았으며, 심지어 자신이 저주받았는가 구원받았는가 하는 것도 마음에 두지 않았다. 그는 모든 일을 하느님에 대한 사랑을 위해 하겠다는 것을 목표로 삼았고, 그 결심에 만족했다. 그는 하느님에 대한 사랑을 위해 지푸라기 하나라도 들어 올릴 수 있다면 기뻤고, 순전히 하느님만을 추구했다. 다른 어떤 것도, 하느님께서 주시는 선물조차도 원치 않았다.

❖

영혼의 이러한 태도에 대해 하느님께서는 무한한 은총을 내려 주신다. 하지만 그 은총의 열매, 즉 그것으로부터 나오는 사랑을 취하되, 은총에 대한 갈구는 버려야 한다. 그 모든 은총이 곧 하느님은 아니다. 믿음의 눈으로 보면 하느님께서는 사람들이 느끼는 것보다 훨씬 더 크시고 전혀 다른 분이심을 알 수 있기 때문이다. 그럴 때에 하느님과 영혼 사이에는 놀라운 싸움이 벌어진다. 하느님께서는 주시려 하고, 영혼은 자신이 받는 것이 하느님임을 부인하는 것이다. 이 싸움에서 영혼은 믿음을 통해 하느님만큼이나 아니 그분보다 더 강해진다. 왜냐하면 하느님께서 아무리 많이 주신다 해도, 하느님께서는 곧 그분께서 주시는 것임을 영혼이 계속 부정하지 못하게 하실 만큼 영혼에게 주실 수는 없기 때문이다.

❖

황홀경이란 영혼이 하느님께서 주신 것에만 몰두한 소치다. 주신 것을 던져 버리고, 그것을 넘어 곧장 하느님께로 나아가는 대신에 말이다! 놀라움 너머로 그저 끌려가서는 안 된다. 하지만 그럴 때도 주인은 하느님이시다.

하느님께서는 당신을 위해 행해지는 모든 일에 즉각적이고 후한 보상을 주시므로, 로랑은 종종 하느님에 대한 사랑을 위해 행한 것들을 그분 모르게 감추고 싶었다고 말했다. 그러면 아무런 보상을 받지 않음으로써, 순전히 하느님을 위해 무엇인가를 했다는 기쁨을 누릴 수 있을 터이니 말이다.

❖

로랑은 한때 자신이 저주받았다고 확신한 나머지 영혼의 크나큰 고통을 겪은 적이 있었다. 세상 그 누구도 그에게서 그런 생각을 떨쳐낼 수 없을 것이었다! 그러나 그는 그 점에 대해서도 이렇게 생각했다. "내가 신앙인이 된 것은 오직 하느님에 대한 사랑에서였다. 나는 오로지 그분만을 위해 행하고자 했다. 내가 저주받았건 구원받았건 간에 나는 순전히 하느님에 대한 사랑을 위해 행동할 수 있기를 바란다. 그러면 적어도, 죽음에 이르는 순간까지, 그분을 사랑하기 위해 할 수 있는 것을 다 했다고 말할 수 있을 것이다." 이런 고통은 4년 동안 계속되었고, 그는 몹시 괴로워했다. 그 후로 그는 천국도 지옥도 생각하지 않게 되었다. 그의 전 생애는 자유롭고 항상 즐거운 것이 되었다! 그는 자신이 은총을 받을 만한 자격이 없음을 말하려는 듯 하느님과 자신 사이에 자신의 죄악들을 두었다. 그럼에도 불구하고 하느님께서는 넘치도록 은총을 베풀어 주셨다! 하느님께서는 때로 친히 그의 손을 잡고 천국의 모든 궁정 앞으로 데려가셔서, 그분께서 은총을 주시기를 기뻐하신 그 가련한 이를 만인에게 보이곤 하셨다.

❖

 하느님과 더불어 끊임없는 대화를 나누고 자신이 하는 모든 일을 그분께 말씀드리는 습관을 들이려면, 처음에는 약간의 노력이 필요하다. 그러나 조금만 노력을 해 보면, 그분의 사랑이 일깨워 주시는 것을 어려움 없이 느낄 수 있다.

❖

 로랑은 하느님께서 주신 행복한 시절이 지나가면 자신도 고통과 시련을 겪을 차례가 되리라고 믿었다. 그러나 그는 근심하지 않았으니, 자신은 아무것도 할 수 없으므로 하느님께서 그에게 그런 불행을 감당할 힘을 반드시 주시리라는 것을 알고 있었기 때문이다.

❖

　로랑은 무슨 덕을 실천할 기회가 올 때마다 하느님께 이렇게 말씀드리곤 했다. "하느님께서 저로 하여금 그 일을 하게 하지 않으시면 저는 그것을 할 수 없을 것입니다." 그러면 곧 필요한 힘을, 때로는 그 이상을 얻게 되었다.

❖

　로랑은 넘어질 때면 하느님께 자신의 죄를 고백하고 이렇게 말씀드릴 뿐이었다. "하느님께서 허락하신다면 저는 절대로 달리 행하지 않을 것입니다. 제가 넘어지는 것을 막으시는 것도 선하지 않은 것을 고치시는 것도 하느님께 달려 있습니다." 그러고는 자신의 과오에 대해 다시 상심하지 않았다.

❖

　하느님께서는 극히 단순하게 행동하고 솔직하게

말씀드리고 일이 닥칠 때마다 도움을 구해야 한다. 하느님께서는 반드시 도와주시며, 로랑은 그것을 종종 체험했다. 얼마 전에는 포도주를 사러 부르고뉴까지 가는 일이 그에게 맡겨졌다. 그것은 무척 힘든 일이었다. 그는 사업 수완이 없었을 뿐 아니라 한쪽 다리가 마비되었기 때문에 배 위에서는 술통들 위로 굴러서 다닐 수밖에 없었다. 그러나 그는 그런 불편을 전혀 개의치 않았고 포도주를 사는 일에 대해서도 걱정하지 않았다. 그는 하느님께 그 모든 것이 하느님의 일이라고 말씀드렸다. 그리고 실제로 그 모든 일이 저절로 그리고 훌륭하게 이루어지는 것을 보았다! 전해에는 같은 임무로 오베르뉴에 갔었는데, 대체 일이 어떻게 성사된 것인지 로랑으로서도 알 수 없었다. 아무 일도 하지 않았는데도, 훌륭하게 성사되었던 것이다.

❖

부엌일도 마찬가지였다. 로랑은 본래 부엌일을 싫어했다. 하지만 모든 일을 '하느님에 대한 사랑을 위해서'라고 하며 그분께서 모든 일을 직접 하시도록 은총을 청하는 데 익숙해지자, 부엌에서 지낸 15년 동안 매우 능숙하게 일할 수 있었다.

당시 로랑은 신발 수선을 맡고 있었는데, 그곳에서는 매우 행복했지만, 다른 일을 그만두듯이 이 일도 그만둘 각오가 되어 있었다. 그는 어디에 가든 하느님에 대한 사랑으로 자질구레한 일들을 하면서도 즐거워할 따름이었다.

로랑에게는 기도 시간도 그 외의 시간과 다르지 않았다. 그는 원장 신부가 피정을 하라고 하면 피정을 했지만, 피정을 자원하거나 요청해 본 적은 없었다. 어떤 일을 하든 그는 하느님 곁을 결코 떠나지 않았기 때문이다.

매사에 하느님을 사랑해야 한다는 것을 알고 그 임무를 수행하고자 진력하는 데에 딱히 스승이 필요하지는 않았다. 하지만 로랑은 자신의 과오에 대한 용서를 받기 위해 고해 사제가 필요했다. 그는 자신의 과오를 금방 알아차렸고 별로 놀라지도 않았다. 그는 하느님께 그런 과오를 고백하되 변명은 하지 않았다. 그러고는 사랑과 흠숭으로 이루어진 일상생활의 평화 가운데로 돌아가곤 했다.

로랑은 괴로울 때 아무하고도 의논하지 않았으며, 단지 믿음의 빛에 인도되어 하느님께서 함께하신다는 것을 알고서, 무슨 일이 닥치든 하느님을 위해 행하는 것으로 만족했다. 하느님에 대한 사랑을 위해 자신을 버리기를 원했으며, 그러기를 잘했다고 여겼다.

❖

때로는 생각이 모든 것을 망친다고 로랑은 말했다. 악은 생각에서 시작되는 것이다! 어떤 생각이 우리의 당면한 관심사나 영혼의 구원에 꼭 필요하지 않다는 사실을 깨닫는다면 즉시 그것을 떨쳐 버리고 하느님과의 대화로 돌아가 진정한 복락을 누리도록 해야 한다.

❖

처음에는 로랑도 쓸데없는 생각들을 거듭 물리치느라 기도 시간을 온통 허비하곤 했다. 그는 다른 사람들이 하듯이 규율대로 기도할 수가 없었다.

그래서 처음에는 한동안 소리 내어 기도를 했지만, 그 후에는 기도를 어떻게 하는지도 모르게 빠져들게 되었다.

❖

로랑은 언제까지나 수련자로 있게 해 달라고 청했다. 아무도 자신을 정식 수사로 받아들여 줄 것 같지 않았고, 2년간의 수련 기간이 끝나 버렸다고는 믿을 수 없었던 것이다.

❖

로랑은 하느님께 보속을 하게 해 달라고 청할 만한 용기가 없었다. 실제로 별로 내키지도 않았다. 하지만, 자신이 그렇게 해야 마땅하다는 것은 알고 있었으며, 하느님께서 자신에게 그럴 기회를 주실 때에는 그것을 감당할 은총 또한 주시리라 믿었다. 보속이나 다른 모든 수련의 목표는 하느님과의 사랑으로 하나되는 것이므로, 곰곰이 생각해 본 끝에 그는 그 목표에 이르는 지름길은 하느님에 대한 사랑을 위해 사랑으로 모든 일을 행하는 수련을 끊임없이 하는 것임을 깨달았다.

❖

이해에서 나오는 행동과 의지에서 나오는 행동은 분명히 구분해야 한다. 전자는 아무 값어치가 없으며, 오직 후자만이 전부다. 그러기 위해서는 하느님을 사랑하고 그분과 더불어 기뻐하기만 하면 된다.

❖

가능한 모든 보속을 완수한다 해도 그것이 사랑에서 나온 것이 아니라면 단 한 가지 죄도 청산하지 못할 것이다! 조바심 내지 말고, 마음을 다해 예수 그리스도를 사랑하는 일에 힘쓰면서 기다려야 한다. 하느님께서는 가장 큰 죄인들을 택하시어, 순수함 가운데 머무는 이들보다 오히려 그들에게 은혜를 보여 주시는 것 같다. 그럼으로써 그분의 선의를 더 잘 보여 주실 수 있기 때문이다.

로랑이 생각하는 것은 죽음이나 자신의 죄악, 천국이나 지옥 같은 것에 대해서가 아니라, 하느님에 대한 사랑을 위해 자질구레한 일들을 하는 것이었다. 자신은 큰일은 감당할 수 없다고 느꼈기 때문이다. 그 후에는 무슨 일이 일어나든 하느님의 뜻에 속한 것이므로 전혀 괴로움을 느끼지 않았다.

로랑은 산 채로 껍질을 벗긴다 하더라도 그것은 자신이 겪은 내적인 괴로움이나 그가 종종 느끼는 크나큰 기쁨과 열의와는 비교가 되지 않는다고 말했다. 그리하여 그는 아무것도 염려하지 않고 두려워하지 않으며, 하느님의 뜻을 거스르지 않는 한도 내에서만 모든 것을 구했다.

❖

로랑은 자신이 별로 조심성이 없다고 말했다. "무슨 실수를 했다 싶을 때면 기꺼이 인정하고 이렇게 말합니다. '저는 보통 이렇습니다. 저는 이렇게밖에 할 줄 모릅니다!' 만일 제가 전혀 실수를 하지 않는다면, 저는 하느님께 영광을 돌리고 그것이 그분에게서 나온 것임을 고백합니다."

하느님만을 생각하며 단순하게

❖

로랑은 영적인 생활의 기초는 믿음 가운데서 하

느님을 경외하는 것이라고 말했다. 그렇게 경외하는 마음을 갖게 되자, 다른 모든 생각을 떨쳐 버리고 매사를 하느님에 대한 사랑을 위해 행하기만 하면 되었다. 처음에는 꽤 오랫동안 하느님을 생각하지 않을 때도 있었지만, 그랬다고 해서 괴로워하기보다는 하느님 앞에 나아가 자신의 비참함을 아뢰었다. 자신이 그렇게 하느님을 잊을 정도로 비참한 인간이니 그만큼 한층 더 하느님에 대한 신뢰를 가지고서 그분께 돌아가는 것이었다.

❖

우리는 하느님께 의지함으로써 그분을 영광스럽게 하며, 크나큰 은총을 얻는다. 하느님께서는 그분께 온전히 내맡겨지고 그분을 위해 모든 것을 감내하기로 결심한 영혼을 저버리시거나 오랫동안 고통당하도록 내버려 두실 리가 없다.

❖

로랑은 하느님 이외에는 더 이상 아무것도 생각하지 않기에 이르렀으며, 다른 어떤 생각이나 유혹이 원치 않게 떠오를 때는 그것들이 다가오는 것을 감지하게 되었다. 하느님의 신속한 도움을 익히 알고 있는 그는 때로 그것들이 다가오도록 내버려 두었다가, 딱 알맞은 때에 하느님께 아뢰었다. 그러면 그것들은 즉시 사라져 버렸다. 이러한 체험을 바탕으로, 그는 외적인 일이 있을 때에도 미리부터 생각하지 않고 행동하기에 알맞은 시기를 기다렸다가 하느님께 아뢰었다. 그러면 하느님께서는 마치 맑은 거울에 비추듯이 그가 그 순간 해야 할 일이 무엇인지를 분명히 보여 주셨다. 그래서 그는 언제부터인가 어떤 일이라도 미리 걱정하지 않고 행동하게 되었다. 하느님께서 그의 일에 신속한 도움을 주신다는 것을 체험으로 알기 전에는, 로랑 역시 많은 걱정을 미리 하곤 했다.

❖

로랑은 자신이 하는 일들을 전혀 기억하지 못했고, 심지어 일을 하고 있는 동안에도 전혀 주의를 기울이지 않았다. 식탁에서 일어나면서 자기가 무엇을 먹었는지도 알지 못했다! 그는 자기 나름의 단순함 가운데 행했으니, 모든 일을 하느님에 대한 사랑을 위해 하면서, 자신이 이런저런 일들을 해낼 수 있도록 이끌어 주시는 하느님께 감사를 드렸다. 하지만 이런 것도 극히 단순하게, 하느님의 사랑이 넘치는 현존 가운데 꾸준히 행할 수 있게끔 이루어졌다.

❖

외적인 임무 때문에 조금이라도 마음이 산만해져서 하느님과 멀어지게 되면, 하느님께서는 로랑을 일깨워 주시곤 했다. 그에게 무엇인가 하느님을 강렬히 느끼게 하는 기억을 일깨우셔서 그의 마음을 뜨겁게 하셨다. 그리하여 그는 때로는 마음이 북받쳐 울기도 했고 미친 사람처럼 노래하고 뛰노는 격렬한 행동을 하기도 했다.

❖

로랑은 일상을 떠나 피정을 할 때보다도 일상적인 임무를 하는 가운데서 더욱 하느님께 속해 있음을 느끼곤 했다. 피정에서는 오히려 영혼이 메말라져서 돌아오곤 했다.

❖

로랑은 자신이 앞으로 영육 간에 큰 고통을 겪을 것을 기대하고 있다고 했다. 그에게 있어 더 나쁜 것은 그토록 오랫동안 누려 왔던 하느님의 현존을 감지하지 못하는 것이었다. 하지만 선하신 하느님께서는 결코 그를 저버리시지 않고 그에게 허락하신 불행을 감당할 힘을 주시겠다고 확실히 약속해 주셨다. 그래서 그는 아무것도 두렵지 않았으며 자기 영혼에 대해 그 누구와도 의논할 필요가 없었다. 다른 사람과는 기껏 의논을 해도 오히려 난감해질 뿐이었다. 하느님에 대한 사랑을 위해 죽어도 좋다는 마음을 갖게 된 후로는 아무런 근심이 없어지게 되었다. 자신을 온전히 하느님께 내맡기는 것이야말로 확실한 길이며 그 길에는 언제나 빛이 있어 나아갈 바를 알 수 있었다.

❖

처음에는 행동하고 자아를 버리는 일에 신실해야 한다. 하지만 그 후에는 말할 수 없는 기쁨만이 있게 된다. 어려울 때에는 예수 그리스도께 의지하고 그분의 은총을 청하기만 하면 된다. 그러면 모든 것이 쉬워진다.

❖

사람들은 보속이라든가 특정한 수련에 몰두하여 정작 그 모든 일의 목표인 사랑을 잊어버린다. 그리고 그 점은 그들이 행한 일에서 금방 드러난다. 굳건한 덕을 찾기가 힘든 것도 그 때문이다.

❖

하느님께 나아가기 위해 필요한 것은 학식이나 지혜가 아니라, 오로지 하느님께 헌신하고 하느님만을 사랑하고자 하는 마음이다.

하느님의 현존을 누리는 방법

❖

로랑은 자신이 하느님께 나아가는 방법에 대해 열렬하고 솔직한 태도로 말해 주었다. 그 점에 대해서는 앞에서 어느 정도 언급했다. 핵심은 하느님께 나아가는 데 도움이 되지 않는다고 여겨지는 모든 것을 단번에 포기하는 것, 그리고 하느님과의 끊임없는 대화, 단순하고 솔직한 대화에 익숙해지는 것이다. 그러기 위해서는 우리의 마음속 깊은 곳에 계시는 하느님을 깨닫고 매 순간 그분께 나아가 도움을 청하기만 하면 된다. 애매한 일들에 대해서는 그분의 뜻을 알 수 있도록, 그분께서 우리에게 요구하신다고 분명히 깨달은 일들에 대해서는 잘 해낼 수 있도록 도움을 청하는 것이다. 그 일들을 행하기 이전에는 하느님 앞에 바치고, 행한 후에는 그분을 위해 행할 수 있었던 데에 감사를 드리면 된다. 이러한 지속적인 대화 가운데서, 우리는 하느님의 무한한 선하심과 완전하심을 끊임없이 찬미하고 흠숭하고 사랑하는 일에 몰두하게 된다.

❖

 우리는 하느님을 온전히 믿으며 하느님께 은총을 청해야 한다. 우리 자신의 생각을 돌아보지 말고 주님의 무한하신 공덕에 의지해야 하는 것이다. 그럴 때마다 하느님께서는 우리에게 은총을 베푸신다는 것을 로랑은 분명히 알고 있었으며, 하느님과의 동행에서 벗어나거나 그분의 도움을 청하는 것을 잊을 때가 아니면 반드시 그렇게 했다. 우리가 회의에 빠질 때도, 하느님을 기쁘게 해 드리고 하느님에 대한 사랑을 위해 행동하고자 하는 목표만 확실하다면 하느님께서는 반드시 빛을 비춰 주신다.

❖

 우리의 성화聖化는 우리가 하는 일이 달라질 때가 아니라 우리가 평소에 자신을 위해 하던 일을 하느님을 위해 할 때 일어난다. 많은 사람들이 목표와 수단을 혼동한 나머지 인간적인 존경을 얻을 만한 특정한 일에만 집착하여 성화를 제대로 못하는 것은 안타까운 일이다.

하느님께 나아가는 가장 좋은 방법은 주어진 평범한 일을 순종으로 행하는 것이다. 가능한 한 모든 인간적 존경을 배제하고 오로지 하느님에 대한 순수한 사랑에서 일을 행하는 것이다.

기도 시간이 그 외의 시간과 달라야 한다고 생각하는 것은 크게 잘못되었다. 우리는 기도하는 시간에 기도를 통해서 하느님과 일치하는 것과 마찬가지로 행동하는 시간에도 행동을 통해 하느님과 일치해야 하는 것이다.

❖

로랑의 기도는 단지 하느님의 현존에 몰두하는 것일 뿐이었다. 기도할 때 그의 영혼은 하느님에 대한 사랑 외에는 모든 것을 잊었다. 하지만 기도 시간이 지나도 달라지는 것은 없었으니, 그는 항상 하느님 곁에서 있는 힘을 다해 그분을 찬미하고 기리면서 기쁨으로 충만해 있었다. 다만, 좀 더 강해질 때에는 무엇인가 감내할 만한 시련을 주시리라 희망할 따름이었다.

❖

하느님을 신뢰하고 오로지 그분께 자신을 내맡겨야 한다. 하느님께서는 결코 우리를 저버리지 않으실 것이다.

❖

하느님에 대한 사랑을 위해 사소한 일들을 행하

는 데 싫증을 내지 말아야 한다. 중요한 것은 성취한 일의 크기가 아니라 사랑이다. 처음에는 종종 실패할 수 있다. 그렇다고 해서 놀라지 말아야 한다. 결국은 습관이 들어 깊이 생각하지 않고도 즐겁게 그런 일들을 할 수 있게 된다.

❖

하느님의 뜻을 온전히 따르기 위해 애써 길러야 할 것은 믿음, 희망, 사랑이다. 그 나머지는 아무래도 좋으며 다리 위를 지나가듯 스쳐 지나서, 믿음과 사랑이라는 유일한 목표에 이르러야 한다.

❖

믿는 이에게는 모든 것이 가능하며, 희망하는 이에게는 더욱 그러하고, 사랑하는 이에게는 한층 더 그러하니, 이 세 가지 덕을 꾸준히 연습하는 이에게는 두말할 것도 없이 그러할 것이다.

❖

우리가 가져야 할 목표는 이생에서부터 하느님께 가능한 한 최고의 찬미를 드리는 일이다. 영원토록 그렇게 하게 되기를 바라는 것처럼 말이다.

❖

영적인 삶을 시작할 때, 우리는 자신이 누구인가를 깊이 성찰해야 한다. 그러면 우리 자신이 얼마나 경멸받아 마땅하며 그리스도인이라는 이름을 얻을 자격이 없는가를, 얼마나 비참한 존재인가를 깨닫게 될 것이다. 우리는 갖가지 우연에 시달리며 건강도 기질도 몸과 마음의 성향도 한결같지 못하다. 하느님께서는 우리 안팎의 무수한 고통과 괴로움을 통해 우리를 낮추고자 하신다. 그런 사실들을 깨달은 마당에 우리에게 고통과 유혹과 반대와 이웃과의 갈등이 닥친들 놀랄 게 무엇인가? 오히려 우리는 기꺼이 그런 일에 복종하여 하느님께서 원하시는 한 그것들을 기꺼이, 우리 자신에게 유익한 일로서 받아들여야 하지 않겠는가?

영혼은 보다 고상한 완전성을 열망할수록 더욱 더 은총에 의지하게 된다.

제2장

송덕문

독자에게 알림

❖

지난해에 맨발의 가르멜회에서는 사제와 평수사를 포함하여 수도자 여러 명이 세상을 떠났고, 이들은 본받을 만한 여러 가지 덕행의 선례를 남겼다. 하느님께서는 그중에서도 특히 부활의 로랑 형제에게 주목하기를 원하시는 듯하다.

❖

 하느님께서 이 고결한 수도자의 공덕을 드러내기 위해 사용하신 계기는 다음과 같다. 로랑은 평생 사람들의 눈에 뜨이지 않기를 원했으므로 죽음에 이르러서야 그의 성인다운 삶이 알려진 가운데, 여러 경건한 사람들이 그가 쓴 편지들 중 한 통의 사본을 보고는 더 많은 편지들을 보기를 원했다. 그래서 그가 손수 쓴 편지들을 모을 수 있는 대로 모으던 중에, 〈영적 금언 혹은 하느님의 현존을 얻기 위한 수난〉이라는 제목의 자필 원고도 발견되었다.

❖

 이 영적 조언과 편지들은 사람을 감화하고 경건한 감동을 주었으며 훌륭한 생각으로 가득 차 있었다. 이것을 읽고 위로를 얻은 이들은 그 유익을 자기들만 누리기는 아깝다고 생각하게 되었다. 그래서 그들은 그 원고가 하느님의 현존 연습을 통해 완성을 지향하는 많은 영혼들에게 큰 도움이 되리라는 판단 하에, 책으로 펴내고자 했다.

❖

선을 연습하도록 설득하는 데에는 선한 모범 이상인 것이 없으므로, 이 작은 책자를 완전하게 만들기 위해서는, 저자의 생애를 간단히 소개할 필요가 있다고 생각되었다. 그러면 그의 삶과 그가 한 말이 얼마나 일치하는가를 보게 될 것이고, 그가 자신의 체험에서 우러나온 말밖에는 하지 않았음을 쉽사리 알게 될 것이다.

❖

모든 그리스도인은 여기에서 본받을 만한 점을 발견할 것이다. 세상에서 큰일을 하는 사람들은 세속적 위대함의 헛된 영광에서 평화와 행복을 추구하는 것이 얼마나 잘못된 일인가를 깨닫게 될 것이다. 선한 사람들은 덕을 수련함에 있어 인내를 북돋울 만한 것을 얻게 될 것이다. 종교인이면서도 영혼의 구원에 별로 관심을 갖지 않는 사람들은 누구보다도 큰 유익을 얻을 수 있을 터이니, 자신들과 같은 형제들 중 한 사람이 자신들과 마찬가지로 외적인 임무들을 맡아 더없이 하찮은 일을 하면서도 외적 활동과 내적 묵상을 어떻게 일치시킬 수 있었는지를 보게 될 것이다. 사실 로랑은 40년이 넘는 기간 동안, 하느님의 현존에서 떠난 적이 거의 없었다.

부활의 로랑 형제에 대한 송덕문

❖

하느님의 팔이 결코 짧아지지 않는다는 것은 성경이 변함없이 가르치는 진리 가운데 하나다. 우리의 처지가 아무리 비참하다 해도 하느님의 자비하심은 그보다 훨씬 더 크기 때문이다. 그분 은총의 힘은 초대 교회 때보다 줄지 않았다. 하느님께서는 당신의 광대하고 엄위하심에 합당한 경배를 드리는 한편 거룩한 모범으로 다른 이들의 덕을 북돋우는 거룩한 이들이 세상 끝날까지 이어지기를 원하셨다. 그러므로 이런 두 가지 임무를 제대로 해낼 만한 탁월한 인물들을 교회 초창기에만 나게 하지 않고 오늘날에도 때때로 나게 하신다. 이런 인물들은 위의 두 임무를 완수하며, 자신들 안에 성령의 열매를 간직하고서 성령을 전하여 다른 사람 안에서도 성령께서 머무르시게 한다.

내가 칭송하는 인물은 맨발의 가르멜회 수도자인 부활의 로랑 형제다. 하느님께서는 그를 우리 시대에 태어나게 하시어, 그분께 합당한 모든 경배를 드리게 하시고 그가 보인 경건의 모범을 통해 형제들로 하여금 여러 가지 덕을 수련하는 데 열성을 일으키게 하셨다. 세상에서 부르던 그의 이름은 니콜라 에르망이었다. 그의 아버지와 어머니는 모범적인 삶을 사는 극히 선량한 사람들로 그에게 어려서부터 하느님을 경외하게 했고, 그의 교육에도 각별한 주의를 기울여 복음서에 부합되는 지극히 거룩한 금언들만을 가르쳤다.

❖

니콜라 에르망은 로렌 지방의 에리메닐에서 태어났다. 로렌 지방에서 그는 전란 가운데 휘말리며, 군인이 되었다. 단순하고 정직하게 행하는 그를 하느님께서는 선하심과 인자하심으로 보살펴 주셨다. 한번은 행군 중이던 독일군 분견대에게 포로로 잡혀, 첩자로 몰리기도 했다. 유쾌하지 않은 그 상황 가운데서 그의 인내와 평정이 어느 정도였는지 상상할 수 있겠는가? 그는 교수형의 위협을 받았지만, 전혀 두려워하지 않고 자신은 그들이 의심하는 그런 사람이 아니라고, 양심에 거리낄 것이 없으므로 죽음도 두렵지 않다고 대답했다. 그 말을 듣자 장교들은 그를 풀어 주었다.

❖

스웨덴 군대가 로렌 지방에 침입하여 지나가는 길에 랑베르빌레르라는 작은 마을을 공격했을 때, 우리의 젊은 군인은 그곳에서 부상을 입었다. 그리고 그 때문에 거기서 멀지 않은 부모 집으로 돌아가게 되었다.

❖

이 일을 계기로 니콜라는 군인이라는 직업을 떠나, 좀 더 거룩한 직업을 가지고 예수 그리스도의 깃발 아래서 싸우게 되었다. 그가 전장의 혼란에

염증을 느낀 것은 단순히 일시적으로 신심을 드러낸 것이 아니었다. 그가 자신을 온전히 하느님께 드리고 지나간 행실을 바로잡겠다고 결심한 것은 진정한 신앙심에서였다. 위로의 하느님께서는 그를 좀 더 거룩한 삶으로 이끄시기 위해 세상 허영의 헛됨을 보여 주시고 천상의 복락에 대한 사랑을 불어넣어 주신 것이었다.

그러나 은혜에 대한 이 첫인상이 단번에 효과를 나타낸 것은 아니었다. 그는 종종 마음속으로 자기 진로의 위험, 세상의 허영과 타락, 인간들의 불안정함, 적의 배반, 친구들의 신의 없음 등을 되새겨 보곤 했다. 심각한 고민과 격심한 내적 갈등, 눈물과 한숨의 시간을 겪은 끝에야, 그는 마침내 영원한 진리의 힘에 못 이겨 복음의 실천에 전념하겠다는 굳은 결심을 하기에 이르렀다. 즉, 맨발의 가르멜회 소속이었던 외삼촌을 본받기로 하였으니, 이 경건한 수도자가 그에게 가르친 바로는 세상의 오염된 공기는 그것을 숨 쉬는 이들을 모두 죽이지는 않는다 하더라도 적어도 그 안에서 살아가는 이들의 행실을 변질시킨다는 것이었다.

❖

이 식견 있는 지도자의 현명한 가르침 덕분에 니콜라는 쉽게 완덕의 길에 들어섰다. 그 자신의 영혼이 지닌 아름다운 기질도 적잖이 도움이 되었을 것이다. 뛰어난 감각과 신중함은 그의 얼굴에 쓰인 자질이었으며, 그런 성격 덕분에 그는 삶을 바꾸려는 이들이 대개 겪는 세상과 악마의 유혹들을 곧 이겨 냈다. 속 깊고 꿋꿋한 성품 덕분에 그는 기적에 가까울 만큼 단기간에 그 생활에 이내 익숙해졌다. 세례 때의 약속과 젊은 날의 무질서한 생활, 그리스도교의 신비와 특히 마음의 감동 없이는 생각할 수 없는 예수 그리스도의 고난을 묵상하면서, 그는 전혀 다른 사람으로 바뀌어 십자가의 겸손함이야말로 세상의 모든 영광보다 더 아름다운 것이라 여기게끔 되었다.

❖

이처럼 거룩한 열성으로 불붙어, 니콜라는 사도의 가르침에 따라 단순하고 성실한 마음으로 하느님을 찾았다. 그는 오로지 고독을 원했으니, 홀로 조용히 자신의 잘못을 뉘우치고 싶었기 때문이었다. 그래서 돌발적인 행동을 하기에는 상당히 늦은 나이였지만, 그는 세상을 떠나 살기를 수없이 원했다. 그리고 이제 곧 이야기하게 되겠지만, 마침 그렇게 할 기회를 잡았다.

❖

귀족이고 역량도 뛰어나 출세가 보장된 한 신사

가 있었다. 그는 그 모든 부요함 가운데서도 항상 불안하고 자기 자신에게 만족할 수가 없었다. 오로지 하느님만이 자신의 모든 소망을 채울 수 있다고 생각한 그는 진실로 하느님을 구하는 이들에게 하느님이 얼마나 좋으신 분인가를 맛보기 위해 지상의 모든 보물을 버리고 복음적인 가난을 택하여 은수 생활에 들어가게 되었다. 우리의 니콜라에게는 좋은 기회였다. 고통스러운 생활에 지친 그의 영혼은 안식을 원하고 있었던 것이다. 믿을 만한 안내자와 함께라면, 사막에 은거한다는 데에 망설일 이유가 없었다. 마음속에 느껴지던 그리스도의 힘이 사막에서는 그의 두려움을 일소했고, 그곳에서 그는 그 어느 때보다도 하느님과 가까워졌다.

❖

그러나 은수 생활은 영적으로 성숙하고 완전한 이들에게는 큰 유익이지만, 초보자들에게는 대체로 최선의 길이 아니다. 은수 생활을 처음 시작한 니콜라는 그 점을 이내 깨닫게 되었다. 자신의 영혼 가운데서 기쁨, 슬픔, 평화, 혼란, 열심, 나태, 신뢰, 근심 등이 차례로 엇갈리는 것을 지켜보면서 그는 선택한 길에 대해 회의하기 시작했고, 공동체에 들어가기를 원하게 되었다. 공동체에서는 유동적인 모래와도 같이 일시적인 신심이 아니라 그리스도교 전체의 기초이신 예수 그리스도라는 굳건한 초석 위에 세워진 좀 더 확실한 규율로 자신을 꿋꿋하게 다스려 나갈 수 있을 것이었다.

하지만 영구한 서약에 대한 두려움과 아마도 악마의 유혹에 빠져, 그는 선뜻 그 길로 들어서지 못했다. 그는 나날이 우유부단해졌고, 다시금 그를 너무나 다정하게 불러 주시는 하느님의 음성을 듣고서야 파리로 가서 수도원에 들어가기를 청하게 되었다. 맨발의 가르멜회의 평수사가 된 그는 '부활의 로랑 형제'로 불리게 되었다.

수련 기간을 시작하면서부터 로랑은 대단한 열성으로 종교 생활에 전념했다. 특히 성모님께 대한 신심이 깊어서, 성모님께서 어머니처럼 자신을 지켜 주실 것이라고 믿었다. 삶의 온갖 우여곡절 가운데서, 그의 영혼을 뒤흔드는 걱정과 불안 가운데서 성모님은 그에게 가장 든든한 안식처였다. 그래서 그는 성모님을 "나의 좋으신 어머니"라 부르곤 했다.

특히 그는 기도 수련에 열심이었다. 할 일이 아무리 많아도 이 거룩한 연습을 위한 시간만은 놓치지 않았다. 하느님의 현존과 거기에서 우러나오는 사랑은 그가 가장 소중히 여기는 것이었고, 덕분에 얼마 안 가 같은 수련자들의 모범이 되었다. 예수 그리스도의 승리하시는 은총은 그로 하여금 열렬히 참회하고 인간의 본성이 기피하게 마련인 고행을 스스로 하게끔 만들었다.

❖

장상들은 로랑에게 가장 천한 직무를 맡겼지만, 그는 결코 불평을 하지 않았다. 반대로, 은총 덕분에 그는 거칠고 고된 일에서도 물러서지 않았고 역겹고 지루한 직무들도 감당해냈다. 본성으로는 비록 혐오를 느꼈다 해도, 그리스도를 본받아 자신을 낮추고 괴로움을 겪을 수 있으니 행복하다고 생각하면서 기꺼이 받아들였다.

❖

로랑의 장점이 불러일으킨 선입견과 그의 덕행

으로 얻어진 평판 때문에 장상들은 그의 소명과 영혼의 강건함을 시험하기 위해 어려움을 가중시키고 잡다한 일로 그를 분주하게 했으며 강한 영혼을 다루듯 그를 공격했다. 그러나 그는 이런 시련에 물러서기는커녕, 예상대로의 신실함으로 버텨냈다. 이 점은 또 다른 기회에도 나타났으니, 한 수사가 그에게 와서 그를 수도원에서 쫓아내려 한다는 말을 전하자, 그는 이렇게 대답했다고 한다. "저는 하느님의 손 안에 들어왔으니, 그분께서 좋으실 대로 처분하실 것입니다. 저는 사람을 보고 행동하지 않습니다. 만일 제가 여기서 그분을 섬기지 않는다면 다른 곳에서 섬기게 되겠지요."

❖

서원을 할 시기가 다가오자, 로랑은 자신을 전적으로 하느님께 바치는 데 주저하지 않았다. 그의 희생이 얼마나 전폭적인 것이었으며 주목받을 만한 것이었는지 독자에게 알릴 만한 여러 가지 일화를 옮길 수도 있겠으나, 그보다는 그의 영혼을 괴롭히던 내적인 고통에 대해 좀 더 소상히 기록하기 위해 그런 이야기들은 넘어가도록 하겠다. 그가 그토록 괴로움을 겪은 것은 한편으로는 더욱 정화되기를 허락하신 하느님의 명령 때문이었지만, 다른 한편으로는 경험이 부족한 나머지 영적인 길을 자기 식으로 걷고자 했기 때문이기도 했다. 그는 지나간 삶에서의 죄들을 잊을 수가 없었고, 그 생각만 하면 자신이 너무 한심하고 혐오스러워서 도저히 하느님의 따뜻한 사랑을 받을 만한 자격이 없다고 생각되는 것이었다. 그는 자신이 엄청난 특혜를 받았다고 느꼈으며, 자신이 얼마나 비참한 존재인가에 대한 겸허한 감정 때문에 하느님께서 그에게 주시는 천국의 복락을 감히 받아들일 수가 없었다. 하느님께서는 그와 같은 죄인과도 기꺼이 대화하실 만큼 자비로운 분이심을 그는 미처 몰랐던 것이다.

❖

 환시에 대한 두려움이 로랑의 마음을 강력히 사로잡기 시작하고 자신의 상태가 너무나 의심스러워 어떻게 될지 더는 모르게 된 것은 그때였다. 이로 인한 고통이 얼마나 심했던지 그는 그것을 지옥의 고통에 비교하지 않고는 달리 표현할 말을 찾지 못했다.

 이런 절망스러운 상태에서, 그는 종종 자신의 일터에서 가까운 한적한 장소에 틀어박히곤 했다. 그곳 기둥에는 그리스도의 상이 달려 있었다. 거기서 그는 괴로운 심정으로 눈물에 젖어 하느님 앞에 마음을 쏟고 더는 자신을 멸망하도록 내버려 두지 말라고 간구하곤 했다. 그는 오로지 하느님만을 신뢰하며 하느님을 기쁘게 해 드리는 것 외에는 다른 아무 뜻도 없었다.

❖

    그러나 아무리 기도해도 고통은 줄어들지 않았고, 두려움과 당황스러움은 갈수록 커져서 어느 순간 그는 더 이상 아무 생각도 할 수가 없었다. 전에는 고독을 안전한 포구로 여겼건만, 이제 그것은 험한 폭풍우가 몰아쳐 요동치는 바다처럼 보였다. 비바람을 맞으며 키잡이도 없이 버려진 배와 같은 그의 영혼은 어떤 방법을 취해야 할지, 어떤 결단을 내려야 할지 알 수가 없었다. 왜냐하면 한편으로는 자신을 부단한 희생물로 주님께 드리고자 하는 은밀한 욕구를 느끼면서도, 다른 한편으로는 통상적인 길에서 벗어나는 데 대한 두려움이 하느님께 저항하게 만들었기 때문이다. 본성을 거스르는 이 모든 잘못된 시각이 그를 두려움으로 가득 채웠고, 모든 것이 끔찍하기만 했다. 게다가, 그의 영혼은 그토록 짙은 어둠 가운데서 그토록 쓰라림을 겪고 있었으므로, 하늘에서도 땅에서도 그는 아무런 도움을 받지 못했다.

❖

이런 시련은 비록 가혹하기는 하나, 하느님께서 때로 당신의 이루 매길 수 없는 보물들을 맡기시기에 앞서 진정한 일꾼들의 미덕을 시험하기 위해 취하시는 방법이다. 그리고 그것은 그분께서 로랑에 대해 취하신 방법이기도 했다. 온갖 시련 가운데서 그의 인내심과 온유함, 절제, 확고함, 평온함이 어디까지 이르렀는지 상상하기는 쉽지 않다. 그는 행동에서나 감정에서나 겸손했고 자신을 대수롭지 않게 여겼기 때문에, 괴로움과 낮아짐밖에는 알지 못했다. 그래서 그는 주님의 잔밖에는 구하지 않았고, 그 모든 쓴 것을 마시는 것이 허락되었다.

❖

그렇더라도 하느님께서 그가 처음 회개하기 시

작할 때 느꼈던 위로를 조금이라도 남겨 주셨더라면 얼마나 좋았을까! 하지만 천만에! 그는 모든 것을 빼앗기고 말았다. 10년간의 두려움과 괴로움 가운데서 그는 거의 쉼을 얻지 못했다. 기도에는 감동이 없었고 고통도 줄어들지 않았다. 이 모든 것이 그의 삶을 어찌나 무겁게 하고 그를 절박한 심정으로 몰아넣었던지, 그는 자기 자신에게 짐스러운 존재가 되었고 더는 괴로워할 수조차 없었으므로, 오로지 믿음에만 의지하게 되었다.

❖

이처럼 온갖 상념이 자신을 극한 상황으로 몰아가는 가운데서도 로랑은 용기를 잃지 않았다. 오히려 극한 고통에서도, 그는 항상 기도와 하느님의 현존 연습에 의지했고 모든 그리스도교적인 덕목을 얻고자 노력했으니, 육신의 고행과 눈물과 탄식과 오랜 밤샘을 일삼아, 때로는 온 밤을 지성소 앞에서 보내기도 했다. 그러던 어느 날, 마침내 그는 자신의 영혼을 괴롭히는 고통에 대해 곰곰이 생각하다가, 자신이 그 모든 것을 겪는 것은 하느님에 대한 사랑을 위해서며 그분을 거스르지나 않을까 하는 두려움 때문이었음을 깨달았다. 그러고는 결심했다. 만일 하느님께서 원하신다면 남은 생애는 물론이고 영원한 생명 동안이라도 그 고통들을 겪겠다고 말이다. "왜냐하면 내가 무엇을 하고 무엇을 겪는가는 더 이상 중요하지 않기 때문이다. 내가 사랑 안에서 하느님의 뜻에 일치해 있기만 한다면, 그것이 내가 바라는 목표다."

❖

하느님께서 그에게 넘치는 은총을 주시기 위해 원하셨던 마음 상태는 바로 그런 것이었다. 그래서 그 순간부터 그의 마음은 이전 어느 때보다도 굳세어졌다. 그리고 당신의 뜻을 알리기 위해 긴 시간도 많은 논의도 필요 없으신 하느님께서 일순간 그의 눈을 열어 주셨다. 로랑은 한 줄기 거룩한 광명이 자신의 영혼을 비추어 모든 두려움을 없애고 고통을 종식시키는 것을 보았다. 그가 받은 은총은 지나간 모든 고통을 보상하고도 남았다.

❖

그제야 그는 대 그레고리오 성인 교황의 말을 이해했다. 하느님의 광대하심을 묵상하는 영혼에게 이 세상은 너무나도 작다던 말을! 한 가르멜회 수녀에게 보낸 로랑의 편지들은 그 점을 의심할 수 없게 한다. 그 편지를 일부 옮겨 보면 이렇다.

"온 세상이 더는 제 친구가 되어 줄 수 없는 듯합니다. 제가 육신의 눈으로 보는 모든 것은 마치 꿈이나 환영처럼 제 앞을 스쳐갑니다. 제가 영혼의 눈으로 보는 것만이 제가 원하는 것이며, 거기에서 조금이라도 멀어지면 저는 무기력하고 괴로워집니다. 한편으로는 밤의 어둠을 몰아내 버리는 거룩한 정의의 태양에 눈부시고, 다른 한편으로는 진창과도 같은 제 비참함으로 눈이 멀어, 저는 종종 정신이 나가는 것만 같습니다. 하지만 제가 가장 통상적으로 하는 일은 무익하지만 충실한 종답게 겸손하게 하느님의 현존 안에 머무는 것입니다."

❖

이 거룩한 연습이 그의 독특한 성격을 형성했으며, 그것은 그에게 극히 자연스러운 버릇이 되었다. 그는 편지 중 한 통과 또 다른 곳에서도 그 점을 설명하고 있다. 지난 40년의 생애를 매 순간 하느님의 현존을 연습하는 데 보냈다고 한 것이다. 혹은 그의 말을 빌자면, 하느님과의 말없고 친밀한 대화 가운데서 보냈다고 했다.

❖

 어느 날 한 수사가 로랑에게 어떻게 하면 자신이 그처럼 하느님의 현존이라는 습관을 얻을 수 있을지 물었다. 답변을 하지 않을 수 없게 된 로랑은 평소대로 단순하게 대답했다. "수도 생활을 시작한 이래로 저는 하느님을 제 영혼의 모든 생각과 감정의 종착점이자 목표로 삼았습니다. 수련 기간 초기에는 기도에 할당된 시간 동안 그 신적 존재의 진리를 신앙의 빛에 의해서라기보다는 묵상과 담화라는 노력을 통해 저 자신에게 납득시키는 데 몰두하곤 했습니다. 그리고 이 짧고 확실한 수단을 통해 제가 영원히 함께 머물기로 결심한 경애의 대상을 좀 더 잘 알게 되었습니다. 그래서 그 무한한 존재의 광대함에서 오는 감명이 가시지 않은 채로 제 일터인 부엌에 틀어박히곤 했습니다. 그곳에서 홀로, 제 임무에 필요한 모든 것을 갖추어놓은 후, 저는 일을 시작하기 전이나 마친 후의 남은 시간을 모두 기도에 바치곤 했습니다. 일을 시작할 때는 하느님께 자녀와 같은 신뢰를 품고 아뢰었습니다. '하느님, 당신께서 저와 함께 계시고 당신의 명령으로 저는 이 모든 외적인 일에 전념해야 하오니, 당신과 함께 머물고 당신과 친교를 누리는 은총을 내려 주소서. 그러나 더욱 바라는 것은 저와 함께 일하시고 제 일을 받으시며 제 모든 애정의 주인이 되시는 것입니다.' 일을 하는 동안에도 저는 여전히 그분께 친밀하게 이야기를 하면서 짧게나마 감사 기도를 드리고 그분의 은총을 청하기를 계속했습니다. 그리고 일을 마친 후에는 제가 한 일을 돌아보고, 일이 잘 되었으면 그 점에 대해 하느님께 감사드렸습니다. 만일 실수가 발견되면 용서를 구하되 낙심하지 않고 마음을 가다듬어 하느님 곁을 떠난 적이 없는 것처럼 다시금 그분과 함께 머물기를 다시 시작하곤 했습니다. 실수를 저지른 후에도 그렇게 다시 용기를 내면서, 수많은 믿음과 사랑의 행동을 통해, 저는 처음에는 도저히 익숙해질 것 같지 않던 상태, 즉 한순간도 하느님을 생각하지 않을 수 없는 상태에 이르게 되었습니다."

❖

로랑은 이 거룩한 연습이 영혼에 가져다주는 큰 유익을 체험했으므로, 모든 벗에게 가능한 한 마음을 다해 신실하게 그 연습에 전념할 것을 권하곤 했다. 그리고 그들로 하여금 단호한 결심과 불굴의 용기를 가지고 그 일을 하게 하기 위해 아주 강력하고 효과적인 이유를 제시했다. 그리하여 그들의 정신을 설득했을 뿐 아니라 마음에까지 호소하여 그 거룩한 습관을 이전에 무관심하게 보던 만큼이나 열렬히 사랑하고 시작하게 만들었다. 그는 자신을 찾아오는 이들을 말로써 설득할 재주가 있었을 뿐 아니라 몸소 모범을 보였으니, 그를 보기만 하면 감화를 받아 아무리 마음이 다급하더라도 하느님의 현존 앞에 나아가게끔 되는 것이었다.

❖

　로랑은 하느님의 현존 연습을 그리스도인으로서의 완성에 이르는 가장 쉽고 가까운 길, 미덕의 형태요 생명, 죄에 대한 예방책 등으로 불렀다. 그는 이 연습을 쉽게 하고 버릇을 들이기 위해서는 용기와 의지만 있으면 된다고 단언했으며, 이러한 진리를 말보다 행위로서 탁월하게 입증해 보였다. 왜냐하면 그가 요리를 할 때, 일이 가장 힘들 때, 가장 주의를 산만하게 하는 일을 하는 가운데서도 마음을 모아 하느님 앞에 나아가는 것을 보게 되었기 때문이다. 그가 맡은 일들은 힘든 것으로, 때로는 두 사람이 하던 일을 혼자 할 때도 있었지만, 그는 결코 열을 내지 않고 절도 있게 일의 모든 단계에 적당한 시간을 들였다. 그러면서 그 자신은 온건하고 조용한 태도를 유지하고, 천천히 서두르지 않고 일했으며, 언제나 같은 정신 상태와 흔들리지 않는 평온함 가운데 머물렀다.

로랑은 약 30년이라는 기간 동안 그 일에 가능한 한 애정을 가지고 임했는데, 마침내 하느님께서 다른 일을 주시게 되었다. 그의 다리에 큰 궤양이 생겨, 장상들은 그에게 좀 더 편안한 임무를 주어야 했던 것이다. 이러한 변화는 그에게 영적으로 참되게 하느님을 흠숭할 여가를 더 많이 허락해 주었고 믿음과 사랑의 실천으로 그분의 순수한 현존에 좀 더 깊이 몰두하게 해 주었다.

믿음과 사랑이라는 두 가지 덕 없이는 얻을 수 없는 이 친밀한 일치 가운데서, 로랑은 더 이상 피조물의 감각적 인상에 구애받지 않았다. 인간들을 쉴 새 없이 공략하는 지옥의 권능도 더 이상 그를 넘보지 못했다. 그의 정념들은 너무나 조용해져서 거의 느껴지지 않았고, 종종 그를 낮추기 위해 사소한 동요를 일으키기는 했지만, 그는 이제 구름 위로 우뚝 솟은 산처럼 그런 분란들을 발아래로 굽어 볼 뿐이었다.

그때 이후로, 로랑은 어진 천성, 온화한 기질, 온전한 청렴함, 그리고 세상에서 가장 선량한 마음씨로만 이루어진 사람처럼 보였다. 사람 좋은 인상, 인간적이고 따뜻한 태도, 단순하고 겸손한 행동 등은 그를 보는 모든 사람의 호의와 존경을 샀다. 그와 사귀면 사귈수록, 그에게서는 달리 찾아볼 수 없는 강직하고 경건한 바탕이 드러나는 것이었다. 그는 자신의 행동에서 아무것도 두드러지는 것이 없게 하려고 늘 주의했다. 소박한 공동생활을 함께하면서 그는 항상 다른 사람을 거북하게 하는 울적하고 근엄한 태도는 취하지 않았다. 그는 거룩함과 예의바른 행동은 양립할 수 없다고 보는, 태도가 꼿꼿한 사람들과는 달랐다. 그는 아무런 가식이 없었고 모든 사람과 허물없이 지냈으며 형제들과 벗들 가운데서 자신을 드러냄 없이 선량하게 행동했다.

❖

로랑은 하느님의 은총을 내세워 자신을 높이기나 덕행을 드러내어 사람들의 존경을 얻기는커녕, 남의 눈에 드러나지 않으려고 무척 조심했다. 왜냐하면 교만한 이는 사람들로부터 높은 평가를 받기 위해 가능한 모든 수단을 궁리하지만, 진정으로 겸손한 이는 다른 사람들의 칭찬이나 갈채를 피하기 위해서뿐 아니라 그들이 자신에 대해 가질 수 있는 존경심을 없애기 위해 갖은 노력을 다하기 때문이다. 고대에도 성자들은 일부러 어리석은 행동을 하여 세상의 조롱과 멸시를 자청하거나, 아니면 적어도 그들의 공덕에 대한 평판을 허물어 버리곤 했다. 로랑도 그러했다. 겸손은 그의 고유한 성격이라고까지 할 만한 것이었으니, 그는 자신의 덕과 그 광채를 가리기 위해 종종 거룩한 궁리들을, 겉보기에는 거의 유치한 일들을 발견해내곤 했다. 그가 구하는 것은 덕이 가져다주는 영광이 아니라 덕 그 자체였기 때문이다. 그는 자기 행동을 오로지 하느님만이 봐 주시기를 원했으므로, 하느님 이외의 다른 보상을 바라지 않았다.

❖

로랑은 자신에 대해서는 그토록 신중했지만, 형제들의 감화를 위해서라면 자기 생각을 알리기를 서슴지 않았으며, 학식과 교양 때문에 간혹 자만해진 배운 이들보다는 보잘것없는 이들에게 더욱 마음을 열었다. 이런 형제들에게 그는 아무것도 감추지 않았다. 그는 감탄할 만큼 순박하게 내적인 삶의 가장 아름다운 비밀과 신적인 예지의 보물을 그대로 열어 보였다. 그의 말에 서려 있는 감동은 함께 대화하는 이들의 마음을 강하게 사로잡았으므로, 이들은 그와 헤어질 때면 하느님에 대한 사랑과 그에게서 은밀하게 배운 위대한 진리들을 실천하고자 하는 바람으로 마음이 뜨거워지는 것을 느꼈다.

❖

하느님께서는 심판에 대한 두려움보다는 사랑으로 로랑을 이끄셨으므로, 그의 모든 대화도 바로 그 사랑을 불러일으키고, 피조물을 구속하는 속박을 끊어 버리며, 옛 사람을 버리고 새 사람을 세우는 데에 집중되었다. "만일 당신이 영적으로 진보하기를 원한다면, 이 세상 학자들의 아름다운 말이나 교묘한 언설에 귀 기울이지 마십시오. 인간의 학문에서 호기심을 만족시키려 하는 이들에게 화가 있으리니! 진리를 가르치시는 분은 창조주이시니, 그분께서는 비천한 이들의 마음을 한순간에 감화하시며, 우리 믿음의 비밀에 관해 학자들이 수년 동안 생각해낸 것보다 더 많은 것을 이해하게 해 주십니다."

이런 이유 때문에 로랑은 온갖 호기심에서 나온 질문에 답하기를 조심스럽게 피했다. 그런 질문들은 아무 데도 이르지 못할 뿐 아니라 정신을 혼란스럽게 하고 마음을 고갈시키는 것이다. 그러나 장상들이 영적인 대화에서 제기되었던 어려운 문제에 관해 그의 생각을 솔직히 말해 보라고 시키면, 그는 너무나 알맞고 분명한 대답을 했으므로 이의의 여지가 없었다. 그 점은 성직자나 수도자 할 것 없이 수많은 학자들이 그에게 대답을 요청할 때마다 확인하게 되는 것이었다. 프랑스의 고명한 주교도 로랑 과 대화를 나눈 후 그렇게 생각했고, 그래서 그 주교는 이렇게 말하지 않을 수 없었다. 로랑은 하느님께서 내밀한 대화를 통해 그분의 비밀들을 보여 주실 만한 자격이 있다고, 그리고 하느님에 대한 사랑의 위대함과 순수함 가운데서 그는 이미 이 땅에서부터 성인과도 같은 삶을 누리고 있다고 말이다.

❖

로랑은 피조물에 대한 이해를 통해 하느님을 아는 지식에 이르렀으니, 가장 유명하다는 학술원의 저서들보다도 하느님께서 지으신 세계라는 큰 책이야말로 마음을 기울여 연구하기만 하면 훨씬 더 많은 것을 가르쳐 줄 수 있다고 믿었다. 그의 영혼은 세계를 이루는 온갖 피조물의 다양함에 깊이 감동하여 하느님께 더욱 가까이 나아갔으며 아무것도 그를 그분으로부터 떼어놓을 수 없었다. 그는 피조물에 담긴 경이로움에서 창조주의 권능과 지혜와 선하심의 각기 다른 특징들을 보았으며, 창조주를 알면 알수록 그의 영혼은 찬미로 가득 차서 사랑과 기쁨의 황홀 가운데 마음을 바치며 그 옛날의 선지자처럼 이렇게 외치곤 했다. "오 주님, 신들의 신이시여, 당신의 생각은 헤아릴 수 없고 당신의 뜻은 측량할 길 없으며 당신의 모든 행사에 권능이 넘치나이다!"

❖

로랑은 하느님의 위대하심에 대해서나 그분의 사랑이 영혼들에게 허락하시는 말할 수 없는 친교에 대해서 고상하고 애정 깊은 글들을 썼으므로(그는 자기가 쓴 글을 좀처럼 남에게 보여 주지 않았고 되도록 빨리 돌려받았지만), 사람들은 그가 쓴 글의 낱장만 보고도 감명을 받아 찬사를 아끼지 않았다. 그는 그것들을 조심히 숨기기는 했지만 결국은 그 숨겨 둔 것들이 발견되었고, 그 글들을 읽어 보면 그 밖의 글이 남아 있지 않은 것이 아쉽게 느껴진다. 그의 편지와 금언 중 남아 있는, 얼마 되지 않는 분량의 글이 불러일으킨 영향력으로 미루어볼 때, 그의 소박한 저작은 그 자신이 한 친구에게 고백했던 대로 성령의 토로이며 그분 사랑의 표현이라고 보아도 좋을 것이다. 그는 가끔 종이 위에 그런 것을 쓰곤 했지만, 자신이 쓴 것과 내적으로 체험한 것을 비교해 보면, 종이에 쓴 것은 하느님의 위대하고 선하심에 대해 느끼는 벅찬 감정과 너무나 동떨어진 것이라 즉시 찢어 버린 때도 있었다. 그가 늘 그것들을 찢어 버리면서도 또 글로 쓰지 않을 수 없었던 것은 그러지 않고는 자신의 충만함과 솟아오르는 영혼을 가라앉힐 수가 없었기 때문이다. 그의 심장과 가슴은 불같은 성령을 가둬 두기에는 너무 좁아서 터질 것만 같았고, 가득한 물을 더는 가둬

둘 수 없는 연못이 물길을 찾듯, 또는 땅의 깊은 곳이 격렬한 불을 더는 품고 있을 수가 없어 어떻게든 출구를 찾듯이, 그 역시 그러했다.

❖

로랑의 뛰어난 덕행 중에서도 가장 중요한 것은 그의 믿음이었다. 의인은 믿음으로 살리라 했으니, 믿음이야말로 그의 영혼의 생명이자 양식이었다. 믿음은 그의 영혼을 부쩍 자라게 하여, 그는 내적 삶에서 괄목할 만한 성장을 이루었다. 세상일들이 그의 마음에 조금도 자리를 차지할 만한 가치가 없는 것으로 보이게 되었던 것도 믿음이라는 아름다운 덕행 때문이었다. 그를 하느님께로 인도하고 모든 피조물의 너머에서 오로지 하느님을 누리는 데서만 행복을 구하게끔 한 것도 믿음이었다. 믿음만이 그의 안내자요 모든 책을 합친 것보다도 더 많은 것을 가르쳐 주는 스승이었다.

❖

 또한 로랑으로 하여금 하느님을 그처럼 높이고 그 거룩한 비밀을, 특히 제단의 지성소를 경외하게 한 것도 믿음이었다. 그곳에는 하느님의 아드님께서 임금으로 머무르시니, 그는 밤낮으로 그분 앞에서 무릎을 꿇고서 몇 시간씩 경배와 흠숭을 드리곤 했다. 바로 이러한 믿음에서 그는 하느님의 말씀과 교회와 그 거룩한 명령에 깊은 존경심을 지녔고, 장상들을 예수 그리스도의 대리자로 여기며 순종했다. 끝으로, 그는 믿음이 우리에게 제시하는 진리를 너무나 확고히 믿었으므로, 종종 이렇게 말하곤 했다. "하느님에 대해 듣게 되는 온갖 아름다운 설교는 물론이고 내가 직접 읽거나 느끼게 되는 온갖 것도 나를 만족시켜 주지 못할 것이다. 왜냐하면 하느님께서는 그 완전성이 무한하시므로 말로 형언할 수 없는 분이시며 그분의 위대하심을 완전히 표현하는 말이란 있을 수 없기 때문이다. 오로지 믿음만이 그분의 위대하심을 보여 주며 그분이 어떤 분이신가를 알게 한다. 나는 그분의 방식으로 짧은 기간에 학교에서 여러 해에 배울 것보다도 더 많은 것을 배웠다." 그는 또 이렇게 외친다. "오 믿음이여, 믿음이여, 인간의 영혼을 밝히고 창조주를 아는 지식으로 인도하는 놀라운 덕이여! 너를 아는 것은 그토록 영광스럽고 유익한 일이건만, 너를 알고 행하는 이 너무나 적구나!"

❖

이처럼 살아 있는 믿음에서 하느님의 선하심에 대한 로랑의 희망이 견고하게 생겨났다. 그는 하느님의 섭리에 아들처럼 의지했으며, 자신을 그분의 손안에 전적으로 내맡기고 자신이 죽은 후에 어떻게 될지에 대해 전혀 염려하지 않았다. 이 점은 그가 마지막 병상에서 보여 준 태도에 대해 말할 때 좀 더 자세히 보게 될 것이다. 그는 생애의 대부분을 자신의 구원에 대해 하느님의 은총과 예수 그리스도의 공로에 의지하는 것으로 만족하지 않고, 자신과 모든 이해관계를 잊은 채, 마치 예언자가 말했듯이 무한한 자비의 품안에 온몸으로 뛰어들었다. 상황이 그에게 절망적일수록, 그는 바다의 파도에 깎이면서도 폭풍우 한복판에서 의연히 서 있는 바위와도 같이, 더욱 굳건한 희망을 가졌다. 그의 이런 면은 그가 처음 수도 생활을 시작했을 때 하느님께서 그의 신실함을 시험하기 위해 한동안 그에게 허락하셨던 내적 고통에서도 엿본 바 있다. 만일, 아우구스티노 성인이 생각하듯이 희망의 척도가 곧 은총의 척도라면, 하느님께서 로랑에게 베푸신 은총은 얼마만한 것이겠는가? 그는 성경에서 말하듯이 아무 희망이 없을 때에도 희망을 붙들었던 것이다. 그래서 그는 사람이 하느님께 드릴 수 있는 가장 큰 영광은 자신의 힘을 전적으로 불신하고 완전히 그분의 보호에만 의지하는 것이라고 말한 바 있다. 왜냐하면 사람이 자신의 약함과 창조주의 전능함에 대한 진정한 고백을 하는 것은 바로 그러한 때이기 때문이다.

❖

사랑은 모든 덕 중에 가장 중요한 것이며, 다른 모든 덕에 가치를 부여하는 것이다. 로랑의 덕행이 완전해진 것도 그의 마음속에 하느님의 사랑이 전적으로 자리 잡아, 베르나르도 성인의 말대로 그의 모든 애정을 하느님께로 향하게끔 돌려놓았기 때문이다. 믿음이 하느님을 진정한 진리로 우러르게 하고 희망이 그분을 궁극적 목표요 행복의 완성으로 바라게 했다면, 사랑은 그로 하여금 그분을 모든 존재 가운데 가장 완전한 분이시요 완성 그 자체로 보게끔 했다. 그의 사랑에는 전혀 사심이 없었으니, 그는 자신을 위해 즉 고통을 피하기 위해서나 보상을 바라기 위해 하느님을 사랑하는 것이 아니었다. 그는 하느님의 영광밖에는 구하지 않았고 그분의 거룩한 뜻을 행하는 것을 자신의 모든 행복으로 삼았다. 이는 그가 임종에 이르렀을 때에도 볼 수 있는데, 그는 마지막 숨을 거두는 순간까지 정신이 자유로워서 자기가 느끼는 감정들을 마치 아주 건강한 사람처럼 들려 주었다.

❖

로랑의 사랑은 지극히 순수하여, 그는 가능하기만 하다면 하느님께서 자기가 그분을 위해 행하는 것들을 보시지 못하기를 바랐다. 그래야만 자신에게 돌아올 상을 의식하지 않고 오로지 하느님의 영광을 위해 그런 일들을 할 수 있을 테니까 말이다. 하지만 하느님께서는 아무리 작은 일도 백배로 갚아 주신다고 그는 사랑에 겨운 푸념을 하기도 했다. 그럴 때면 하느님에 대한 마음이 너무나 벅차서 더 견디지 못하여, 평소의 친밀하고도 경의에 찬 태도로 이렇게 말하곤 했다. "너무하십니다, 주님. 정말 너무하십니다! 제발 이런 호의와 위로는 당신을 알지 못하는 사람들에게 나누어 주십시오. 저는 이미 믿음으로 당신을 아는 행복을 누리고 있으니, 그것만으로도 충분합니다. 당신처럼 부유하고 풍성하신 분으로부터 받기를 거절할 수는 없으니, 베풀어 주시는 선물들을 받기는 하겠습니다. 그러나 제가 이것들을 받은 후에 주신 대로 돌려드려도 부디 말리지 말아 주십시오. 제가 바라는 것이 이런 선물이 아니라 당신 자신이라는 것을 잘 아시지 않습니까! 저는 그보다 덜한 것으로는 만족할 수 없답니다!"

❖

이런 순수하고 사심 없는 사랑은 로랑의 마음을 더욱 뜨겁게 하고 성령의 불길을 타오르게 하여, 그 불꽃이 때로는 밖으로 튀기도 했다. 그는 자기

속에서 타오르는 거룩한 사랑의 열기를 감추려고 무척 애를 썼지만, 그럼에도 때로는 그 분출을 막기 어려울 때도 있었고, 그럴 때면 자기도 모르게 얼굴이 온통 달아오르곤 했다. 하지만 혼자 있을 때면 그는 그런 열기를 다 드러내놓고 하느님께 외치기도 했다. "주님, 제 마음을 더 넓히고 열어 주셔서 당신의 사랑을 좀 더 받아들일 수 있게 해 주십시오. 그렇지 않으면 저는 당신 사랑의 불로 완전히 타 버릴 것만 같습니다."

❖

그는 형제들과 대화를 나누다가도, 젊은 날 잃어버린 시간을 후회하면서, 자주 하느님께 아뢰곤 했다. "너무나 오래되고 너무나 새로운, 선하신 하느님! 저는 너무 뒤늦게 당신을 사랑하게 되었습니다! 형제들은 아직 젊으니 그러지 마시게. 내가 초년에 하느님을 섬기기를 얼마나 소홀히 했던가를 자네들에게 진지하게 고백할 테니 잘 들어 두게. 자네들은 젊은 날을 모두 그분을 사랑하는 데 바치게! 내가 만일 좀 더 일찍 알았더라면, 이제 내가 자네들에게 말하는 것을 사람들이 내게 말해 주었더라면, 나도 그렇게 뒤늦게 그분을 사랑하게 되지는 않았을 텐데. 하느님을 사랑하는 데 바쳐지지 않은 모든 시간은 잃어버린 셈치게."

❖

하느님에 대한 사랑과 이웃에 대한 사랑은 하나이니, 로랑이 이웃에 대해 지녔던 사랑은 하느님에 대한 사랑으로 미루어 짐작할 수 있다. 그는 우리 주님께서 복음서에서 형제들 중 가장 작은 이에게 행한 것이 그분에게 행한 것이라고 말씀하셨던 것을 그대로 믿었다. 그는 자신이 하는 모든 일에서 특히 작은 이들을 섬기려고 노력했다. 특히 부엌일을 할 때에는 수사들에게 필요한 모든 음식을 준비하고 그들의 가난한 처지 가운데서도 마치 천사들이라도 대접하듯 만족스러운 대접을 하려 애썼다. 이런 사랑은 그 일을 이어받은 모든 사람에게로 퍼져 나갔다. 그는 가난한 이들을 힘닿는 대로 도와주려 애썼으며, 아프고 병든 형제들을 위로했다. 도움이 될 만한 조언을 해 주었으며, 생계를 위해 일할 때에도 천국을 얻도록 노력하라고 북돋워 주었다. 간단히 말해, 그는 이웃에게 할 수 있는 모든 선을 베풀고 아무에게도 악을 행하지 않았다. 그는 모든 사람을 하느님께로 나아가게 하기 위해 그들이 필요로 하는 모든 일에 자신을 내놓았다.

❖

바오로 사도의 말대로 사랑이란 오래 참고 모든 어려움을 이기며 사랑하는 이의 사랑을 얻기 위해 모든 것을 견디는 것이라 할 때, 그토록 하느님을 사랑했던 로랑이 자신의 불구를 얼마나 잘 견뎌 냈겠는가를 의심할 수 있겠는가? 바오로 사도가 말하듯이 인내가 사랑과 그처럼 아름다운 관계가 있는 것이라면, 그리고 사랑은 완전하게 매는 줄이므로 완전함이야말로 그 열매라면, 하느님께서 로랑을 완전한 상태로 끌어 올리셨다고 믿을 만한 충분한 이유가 되지 않겠는가? 이러한 사실은 하느님께서 그에게 허락하신 매우 고통스러운 병고 가운데서도 그가 이 두 가지 덕성을 실천했던 데서 잘 드러난다. 왜냐하면, 약 25년간 그를 괴롭힌 일종의 좌골 통풍(그는 그 때문에 다리를 절었으며 결국 그것은 다리의 궤양으로 악화되어 극심한 통증을 일으켰다)에 대해서는 말하지 않더라도, 하느님께서는 그의 말년에 그로 하여금 죽음을 준비하고 더욱 상 받을 만하게 만들어 주시기 위해 세 가지 큰 질병을 허락하셨기 때문이다.

❖

　그중 두 가지는 로랑을 극한 상황으로 몰아넣었다. 그러나 그는 놀라운 인내로 그것들을 견뎌 냈고 고통 가운데서도 가장 건강할 때와도 같은 정신의 평정을 잃지 않았다. 첫 번째 병을 앓을 때에는 하루빨리 이 세상을 떠나고 싶다는 욕망을 표하기도 했다. 열이 내리는 것을 느끼고는 의사에게 이렇게 말했던 것이다. "아, 선생님의 치료는 제게 너무 효과적이어서, 제 행복을 오히려 늦추시는군요!" 두 번째 병을 앓을 때에는 전혀 그런 것 같지 않았다. 그는 살고 죽는 것에 대해 완전히 무심해져서, 자신을 전적으로 하느님의 뜻에만 내맡긴 상태였다. 살아도 죽어도 그는 만족했으며, 하느님의 섭리에 따르는 것 이외에는 아무것도 원치 않았다.

❖

　그러나 결국 로랑의 영혼을 육신에서 떼어 내어

천국의 사랑하시는 분께로 데려가게 될 세 번째 병을 앓을 때에는, 그에게서 놀라운 의연함과 체념과 기쁨이 엿보였다고 나는 말할 수 있다. 그 복된 순간을 그는 오래전부터 간절히 기다려 왔으므로, 마침내 떠날 때가 온 것을 알게 되었을 때 그는 대단히 기뻐했다. 가장 용감하다는 이들까지도 최후의 두려움에 빠뜨린다는 죽음 앞에서, 그는 전혀 두려워하지 않았다. 그는 확신에 찬 눈으로 죽음을 바라보았고, 이미 죽음을 이긴 것만 같았다. 그를 위해 준비한 초라한 자리를 보고 친구들 중 한 명이 "로랑 형제, 자네 것일세. 떠나야 하네."라고 말하는 것을 듣자, 그는 이렇게 대답했다. "그렇군. 이것이 내 죽음의 침상이로군. 하지만 전혀 생각지도 않던 이가 내 뒤를 따를 걸세!" 그리고 그가 예견한 대로 이루어졌으니, 이 형제는 아주 건강한 사람이었는데 그다음 날 갑자기 병이 나서 로랑이 매장된 바로 그날 죽었고 다음 수요일 같은 구덩이에 매장

되었던 것이다. 마치 생전에 좋은 형제였던 이 두 사람을 일치시켰던 사랑이 죽음에 의해 그들이 갈라지는 것을 원치 않았던 것만 같다. 왜냐하면 당시 공동묘지에는 그 한 자리밖에 다른 자리가 없었으니 말이다.

❖

로랑은 네댓 달 전부터 여러 사람에게 자신이 2월 말 이전에 죽으리라고 말한 바 있었다. 그는 성체의 딸들 수녀회의 한 수녀에게 보름 간격으로 편지 두 통을 썼는데, 첫 번째 편지 말미에서 이렇게 말하고 있다. "안녕히 계십시오. 이제 곧 하느님을 뵙게 되기를 희망합니다." 그리고 2월 6일자, 그러니까 그가 병이 나기 직전에 쓴 두 번째 편지에서는 이런 말로 맺고 있다. "안녕히 계십시오. 하느님의 자비와 은총으로 이제 며칠 후면 그분을 뵙게 되기를 희망합니다." 병상에 눕게 된 바로 그날,

그는 마음을 터놓는 한 수사에게 자기는 오래 앓지 않을 것이며 가능한 한 속히 세상을 떠나리라고 말했다. 그는 자기가 죽을 날을 너무나 확신하고 있었으므로, 다음 날인 금요일에는 한 수사에게 자신이 다음 월요일에 죽으리라고 말했다. 그리고 그렇게 되었다.

❖

그러나 로랑의 임종 시 상황과 그가 마지막 순간에 느꼈던 감정을 묘사하기에 앞서, 그가 병상에서 보여 준 의연함으로 돌아가 보자. 그에게 남은 유일한 욕망은 하느님에 대한 사랑을 위해 조금이라도 더 고통을 겪고 싶다는 것이었고, 그래서 그가 이미 여러 번 했던 말을 거듭했다. 그의 유일한 고통은 아무런 고통도 없다는 것이며, 연옥이 있어서 거기서는 적어도 자기 죄에 대한 속죄로서 무엇인가 고통을 겪게 되리라고 말이다. 그러나 그는 이생에서부터 그럴 만한 기회를 발견하고는 놓치지 않았다. 그는 일부러 오른쪽으로 돌아누웠으며, 그런 자세가 자신에게 극도로 고통스럽다는 것을 알고 있었지만 고통에 대한 열렬한 소망에서 그런 자세를 고집했다. 그를 돌보던 한 형제가 고통을 조금이라도 덜어 주려 했지만, 두 번씩이나 이런 대답이 돌아왔다. "고맙네, 형제. 하지만 제발 내가 하느님에 대한 사랑을 위해 고통을 겪도록 내버려 두게." 이런 고통스러운 상태에서, 그는 열렬히 기도했다. "하느님, 제 불구 가운데서도 당신께 경배합니다. 적어도 이번 병으로는 당신을 위해 조금이라도 아플 수 있겠군요. 반가운 일입니다! 좋습니다. 이제 좀 아픈 뒤에 당신과 함께 죽게 해 주소서!" 그러고는 종종 시편 51편의 구절을 읊었다. "하느님, 제 마음을 깨끗이 만드시고, 제 안에 굳센 정신을 새로 하소서. 당신의 면전에서 절 내치지 마옵시고, 당신의 거룩한 얼을 거두지 마옵소서.

당신 구원, 그 기쁨을 제게 도로 주시고, 정성된 마음을 도로 굳혀 주소서."

❖

로랑이 그런 자세로 있을 때 한쪽 옆구리의 늑막염으로 인해 느끼는 고통이 극심하여 만일 제때에 도착한 간병인이 그것을 알아차리고 얼른 반대편으로 돌아 눕혀 다시 숨 쉴 수 있게 해 주지 않았더라면 그는 분명 그때 죽었을 것이다. 하지만 고통에 대한 그의 열망은 어찌나 컸던지 고통이 오히려 위안이 되어 주었다. 그는 자기 불행이 가장 극심한 때에도 전혀 슬퍼하지 않았다. 그의 기쁨은 얼굴뿐 아니라 말하는 어조에도 나타났으므로, 그를 문병하러 온 수사들은 그가 정말로 아프지 않은지 물을 정도였다. "죄송합니다만, 정말로 아프답니다. 여기 옆구리가 몹시 아프지만, 그래도 제 영혼은 만족합니다." 그래서 그들이 다시 물었다. "하지만 만일 하느님께서 10년 동안 더 이런 고통을 겪게 하신다면, 그래도 만족할까요?" "그렇고말고요. 10년이 아니라 심판 날까지라도 하느님께서 원하신다면 저는 기꺼이 고통을 겪을 것입니다. 그러면서도 항상 만족할 수 있도록 은총을 베푸시기를 희망할 것입니다." 병이 시작되어 진전되는 나흘 동안 그의 인내심은 그러한 것이었다.

❖

로랑이 이 세상을 떠날 시간이 다가오자, 그의 열성은 배가 되었다. 그의 믿음은 더욱 활기를 띠고 희망은 더욱 견고하며 사랑은 더욱 뜨거워졌다. 그가 자주 연발하는 탄성에서 그의 생생한 믿음을 짐작할 수 있었으니, 이는 그가 믿음을 얼마나 높이 평가했던가를 보여 준다. "오, 믿음! 믿음!"이라고 그는 여러 말로 하기보다도 더욱 강력하게 그 중요성을 나타내곤 했다. 믿음의 위대함에 감화되고 그 빛으로 인도받아, 그는 부단히 하느님을 경배하며 그 경배는 자신에게 자연스러운 상태가 되었다고 말했다. 한번은 한 수사에게 자기는 더 이상 영혼 안에 하느님께서 머무르심을 '믿지' 않는다고 말하기도 했다. 그는 이 찬란한 믿음 덕분에 이미 그 내밀한 현존을 '보고' 있다는 것이었다.

❖

  로랑의 견고한 희망도 믿음에 못지않았다. 그가 어느 정도로 대담했는가 하면, 모든 것이 두려운 대목인 죽음에 대해 묻는 한 친구에게 이렇게 대답했다고 한다. 자신은 죽음도 지옥도 하느님의 심판도 마귀의 온갖 책동도 믿지 않는다고, 진실로 그는 마귀가 자기 침상 주위를 오가는 것을 보지만 조롱할 따름이라고 말이다. 그처럼 감화력 있는 이야기를 듣던 사람들이 계속하여 질문을 했다. 살아계신 하느님의 손에 떨어지는 것은 두려운 일이 아니겠느냐, 아무도 자신이 사랑과 미움 중 어느 편을 받는 것이 마땅한지 모르지 않느냐고 누군가 묻자, 그는 이렇게 대답했다. "그렇군요. 하지만 저는 알고 싶지 않습니다. 자칫 허영심이 들 수도 있으니까요." 그는 자신의 포기를 밀고 나간 끝에, 마침내 자신을 잊고 오로지 하느님과 그분의 뜻을 실천하는 것밖에는 바라지 않았다. "그렇습니다. 만일 지옥에서도 하느님을 사랑하는 것이 가능하다면, 그리고 하느님께서 저를 그곳에 두고자 하신다면, 저는 섭섭하지 않을 것입니다. 왜냐하면 그분은 저와 함께 계실 것이고, 그분의 현존은 그곳을 천국으로 만들 테니까요. 저는 그분께 완전히 내맡겨졌고, 그분이 저를 마음대로 만들어 주실 것입니다."

❖

로랑은 평생 하느님을 그처럼 사랑했으므로, 죽을 때에도 그 사랑은 덜해지지 않았다. 그는 끊임없이 하느님을 경배했고, 한 수사가 그에게 그처럼 온 마음으로 하느님을 사랑하느냐고 묻자, 이렇게 대답했다. "아! 만일 내 마음이 하느님을 사랑하지 않는다는 것을 알게 된다면 나는 그것을 당장 뜯어 내 버리겠네."

❖

그의 상태가 눈에 띄게 악화되자 사람들은 그에게 병자성사를 받게 했고, 그는 숨을 거두는 순간까지 지속될 맑은 정신과 건전한 판단력으로 기꺼이 그것을 받아들였다. 형제들은 밤낮으로 한시도 그를 홀로 두지 않았고 필요한 모든 도움을 주었지만, 그래도 그가 그처럼 소중한 생의 마지막 순간에 하느님께서 모든 성사를 받게 해 주신 크나큰 은혜에 대해 묵상하도록 잠시 홀로 쉬게 두었다. 한 수사가 그에게 무슨 생각을 하는지 묻자 그는 이렇게 대답했다. "저는 영원토록 하게 될 일을 하고 있습니다.

하느님을 기리고 그분을 찬미하며 마음을 다해 사랑하는 것이지요. 우리가 할 일은 하느님께 경배를 드리고 그분을 사랑하는 것뿐입니다. 그 나머지는 염려할 게 없습니다." 또 다른 수사가 자기에게도 진정한 기도의 영을 주실 것을 하느님께 간구해 달라고 청하자, 그는 그럴 만한 사람이 되도록 그 자신도 노력해야 한다고 대답했다. 그것이 로랑의 마음에서 일어난 마지막 감정이었다.

❖

이튿날인 1691년 2월 12일 월요일 오전 9시, 아무 고통 없이, 감각의 마비나 경련을 겪지 않고, 주님의 입맞춤 가운데서 부활의 로랑 형제는 숨을 거두며 영혼을 하느님께 돌려 드렸다. 잠든 사람과도 같은 평온한 모습이었다.

❖

그리하여 로랑의 죽음은 그를 이 비참한 삶에서 복된 삶으로 넘어가게 하는 단잠과도 같았다. 죽음 이후에 일어날 일들을 그 이전의 거룩한 행동으로 미루어 짐작컨대, 로랑은 이 세상에서 선행과 공덕을 지니고 떠났으니 저 세상에서 어떤 복을 누리지 않겠는가? 물으나마나. 그의 죽음이 하느님 앞에 소중한 것이었으리라고 말해도 과장은 아닐 것이다. 그 죽음에는 곧 상급이 뒤따랐으며, 그는 이제 성인들과 더불어 하느님의 영광을 누리고 있다고, 그는 믿더니 보게 되었고, 희망하더니 갖게 되었고, 사랑을 시작하더니 사랑의 완성을 얻었다고 말이다!

제3장

행장

❖

 나는 맨발의 가르멜회 수사였던 부활의 로랑 형제의 삶에 대해 직접 보고 들은 바를 여기에 적는다. 그는 2년 전 파리의 수도원에서 생을 마쳤으며, 존경과 사랑 속에 기억되고 있다.

 내가 이 글을 쓰게 된 것은 그간 모아놓은 로랑 형제의 생각과 말을 널리 알려 이생의 헛됨을 깨달은 영혼들에게 도움이 되게 하라고 부탁한 사람이 있었기 때문이다. 그는 죄인들 사이에서 상석을 차지하기보다는 하느님의 집에서 말석에 앉아 생을 마감하기를 택했고, 이집트에서 향락을 누리기보다는 그리스도와 함께 치욕을 당하기를 바라는 사람이었다. 나는 기꺼이 순종했다. 이미 〈송덕문〉과 〈편지〉를 세상에 내놓기는 했으나, 로랑이라는 거룩한 인물에 대해 우리가 간직하고 있는 것은 아무리 되새겨도 지나치지 않으리라 생각한다.

많은 사람이 헛된 목표에 가치를 부여하고 그 목표에 도달하기 위해 거짓된 길들을 따르는 이 시대에, 로랑 형제와 같은 사람에게서 견고한 신앙의 탁월한 모범을 본다면 유익할 것이다.

❖

로랑 형제에 대해 말하는 것은 곧 그 자신이 될 것이다. 나는 로랑과 나눈 대화에서 그가 한 말들을 헤어진 즉시 써 두었으며, 여기에 그 말 그대로를 옮길 것이다. 성인들의 풍모를 가장 잘 보여 주는 것은 성인들 자신이다.

아우구스티노 성인의 《고백록》과 《서한집》이야말로 다른 누가 그에 대해 말하는 것보다 훨씬 자연스러운 그의 초상이다. 그러므로 이제 내가 독자들에게 그 덕을 소개하려는 이 하느님의 종이 단순한 마음으로 직접 말한 것보다 그에 대해 잘 알게 해 주는 것도 없을 것이다.

❖

로랑은 덕망이 높았지만 그렇다고 해서 무뚝뚝한 사람은 아니었다. 그는 누구든 허물없이 대했고, 신뢰감을 주었으며 그에게는 무엇이든 터놓을 수 있다는 느낌, 친구를 만났다는 느낌을 주었다. 그 자신도, 상대방을 일단 알게 되면 자유롭게 말했고 지극히 선량한 마음을 보여 주었다. 그가 하는 말은 단순하면서도 언제나 어긋나지 않고 적절한 것이었다. 외모는 투박했지만, 그에게는 일개 평수사로서는 흔히 도달하기 어려운 수준의 독특한 예지와 자유로움이 있었고, 기대를 훨씬 뛰어넘는 통찰력이 있었다. 희사를 청하러 다닐 때에도 그는 큰일을 이끌어갈 만한 지성을 보여 주었으며, 모든 문제에 대해 그와 의논할 수 있었다. 이상과 같은 것이 겉으로 드러나는 로랑의 모습이었다.

❖

이미 소개된 〈대화〉에서, 로랑은 자신의 성향이나 내면의 행동에 대해 말한 바 있다. 거기에서 볼 수 있듯이, 그의 회심은 하느님의 권능과 지혜에 대한 지극한 경외심에서 시작된 것이었다. 그는 그러한 경외심을 소중히 하면서, 그 밖의 모든 생각을 몰아내기 위해 최선을 다했다.

하느님에 대한 이 최초의 앎이 이후 로랑의 모든 완성에 근본이 되었던 만큼, 잠시 그 점에 머물러 그의 행동을 살펴보면 좋을 것이다.

❖

 믿음은 로랑의 수도 생활 초기에 하느님을 알기 위해 의지했던 유일한 빛이었을 뿐 아니라, 이후로도 그는 하느님의 모든 길에서 배우고 처신하는 데에 믿음밖에는 의지하려 하지 않았다. 그는 다른 사람들에게서 들은 것이나 책에서 읽은 것, 자신이 글로 쓴 모든 것이, 하느님과 예수 그리스도의 위대하심에 대해 믿음이 알려 준 바에 비하면 너무나 무미건조할 따름이라고 여러 차례 말한 바 있다.

 "오로지 하느님만이 당신을 있는 그대로 알게 하실 수 있습니다. 우리가 학문과 추론을 통해 하느님을 알려 하는 것은, 훌륭한 원본으로 볼 수 없는 것을 조악한 사본을 통해서나마 보려 하는 것과도 같지요. 하느님께서는 우리 영혼의 한복판에서 당신을 드러내시는데, 우리는 그곳에서 그분을 뵈려 하지 않습니다. 우리는 쓸데없는 것들을 위해 하느님을 떠나서 항상 우리 안에 계신 우리의 임금이신 하느님과 대화하기를 소홀히 하는 겁니다. 책에서 읽은 내용이나 어쩌다 예배 중에 느끼는 짧은 인상을 통해 하느님을 알고 사랑한다는 것은 너무 미미하지요. 우리의 믿음을 소생시켜 믿음을 통해서 우리의 모든 감정을 초월하여 하느님과 예수 그리스도를 모든 신적인 완성 가운데서, 있는 그대로의 모습으로, 경배해야 합니다. 이런 믿음의 길이야말로 교회의 정신이며, 그것만으로도 높은 완성에 도달하기에 충분합니다."

❖

로랑은 믿음을 통해 자신의 영혼 가운데 현존하시는 하느님을 볼 뿐 아니라, 눈에 보이는 모든 것, 주변에서 일어나는 모든 일 가운데서도 피조물을 넘어 창조주를 보았다. 메마른 겨울 나무 한 그루를 통해 하느님에 대한 숭고한 깨달음을 얻었으므로, 그때의 인상은 40년이 지나도록 그의 영혼에 생생하게 남아 있었다. 그런 식으로 그는 매사에 보이는 것들을 통해 보이지 않는 것들에 이르곤 했다.

❖

같은 이유에서 그는 복음서를 다른 어떤 책보다도 더 좋아했다. 왜냐하면 복음서에 나오는 예수 그리스도의 말씀에서 그는 자신의 믿음을 좀 더 단순하고 순수하게 키워 주는 영혼의 양식을 발견하기 때문이었다.

❖

로랑의 영적 생활에서 출발점은 바로 이렇게 자기 마음속에서 믿음의 눈으로 본 하느님의 현존을 신실하게 추구하는 것이었다. 그는 자신이 하는 모든 일에서 끊임없는 흠숭과 사랑을 바치고 주님의 도우심을 청함으로써 힘을 얻었고, 일을 마친 후에는 감사를 드렸다. 간혹 태만했을 때는 하느님 앞에서 자신을 변명하지 않고 순순히 고백함으로써 용서를 구했다. 그리고 이런 행동은 그의 일상적인 일에 그처럼 연결되어 있었고 그 일을 할 힘을 주었으므로, 그는 그 일을 훨씬 더 쉽게 해냈다. 믿음의 행동은 그를 일에서 산만하게 만들기는커녕 일을 훨씬 더 잘할 수 있도록 도와주었다.

❖

하지만 로랑은 처음에는 힘이 들었으며 그런 연습을 잊어버린 채 보낸 시간도 많았다고 고백한다. 하지만 그럴 때는 자신의 허물을 순순히 고백한 후, 당황하지 않고 본래의 자리로 돌아갔다. 때로는 수많은 허황한 생각이 난폭하게 하느님의 자리를 빼앗기도 했지만, 그는 그것들을 조용히 물리치고 평소대로 하느님과의 대화를 이어 가는 것으로 만족했다. 마침내 그의 신실함은 보답을 받아 항상 하느님을 기억할 수 있게 되었다.

그의 잡다한 활동은 단순함 가운데서 하느님을 사랑하고 알아 가면서 끊임없는 기쁨을 누리는 것으로 바뀌었다. 그는 이렇게 말하곤 했다. "행동의 시간은 기도의 시간과 전혀 다르지 않다. 나는 내 부엌의 소음 속에서, 때로는 여러 사람이 내게 동시에 다른 것을 요구할 때에도 제단 앞에 무릎을 꿇고 있을 때 못지않게 조용히 하느님을 누릴 수 있다. 내 믿음은 때로 너무나 당연한 것이 되어서 내가 믿음을 잃어버린 것이 아닌가 싶을 때조차 있었다. 내게는 마치 어둠의 장막이 걷혀서, 내세의 구름 한 점 없는 무한한 빛이 비추기 시작한 것처럼 보였다." 그는 하느님과의 지속적인 대화를 위해 다른 모든 생각을 몰아내려고 애쓴 신실함 덕분에 그런 경지에 이르렀던 것이다. 그리고 그는 그 상태에 너무나 익숙해져서, 다른 것을 생각하려고 하느님을 떠난다는 것이 불가능하다고 말하기도 했다.

❖

  로랑의 대화에서도 이 주제에 관한 중요한 언급을 발견할 수 있다. 그는 하느님의 현존이란 이성과 언변보다 마음과 사랑으로 지켜 나가야 하는 것이라고 말한다. "하느님의 길에서 생각이란 별 가치가 없으며 사랑이 전부다.", "그리고 무슨 대단한 일을 해야 하는 것도 아니다(나는 부엌에서 일한 평수사를 묘사하고 있으므로, 그의 말투를 옮기는 것을 양해하길 바란다). 나는 프라이팬에서 달걀을 뒤집을 때도 하느님의 사랑을 위해서 하며, 그 일이 끝나 달리 할 일이 없을 때는 바닥에 엎드려 그 일을 할 은총을 주신 하느님께 경배를 드린다. 그러고 나면 마치 임금님처럼 뿌듯한 심정으로 몸을 일으키게 된다. 다른 일을 할 수 없을 때는 하느님의 사랑을 위해 땅바닥에서 지푸라기 하나를 집어 올리는 것으로도 족하다.", "사람들은 하느님을 사랑하기 위한 방법을 찾는다. 그리고 내가 알지 못하는 온갖 연습을 통해 그 목표에 이르고자 한다. 수많은 방법을 써 가며 하느님의 현존 안에 머무르려고 무척 고생을 한다. 그보다는 모든 일을 하느님의 사랑을 위해 한다는 것이 더 빠르고 곧은길이 아니겠는가. 자신이 처한 위치에서 해야 할 모든 일을 해 가며 마음으로 하느님과 동행함으로써 우리 안에 그분의 현존을 유지하면 되지 않겠는가. 전혀 어려울 것이 없다. 그저 하느님 앞으로 나아가면 되는 것이다." 나는 그가 평소 쓰는 표현 그대로를 옮긴다.

❖

하지만 하느님을 사랑하기 위해 그저 자기가 하는 일을 하느님께 드리고 그분의 도움을 구하고 그분의 사랑을 위한 행동을 하는 것으로 족하다고 생각해서는 안 된다. 우리 형제가 이런 행동을 통해 사랑의 완성에 이른 것은, 그가 처음부터 하느님을 거스르는 일체의 것을 하지 않으려고 극도로 주의했기 때문이었다. 그는 하느님 이외의 모든 것을 버렸다. "내가 종교에 들어온 이래(그의 말을 그대로 옮긴다), 나는 어떤 덕도, 나 자신의 구원도 더 이상 생각하지 않았다. 나 자신을 내 죄에 대한 보속으로 완전히 하느님께 바치고 그분이 아닌 모든 것을 그분에 대한 사랑을 위해 버린 후, 나는 남은 날들 동안 세상에는 하느님과 나밖에 없는 듯이 사는 것밖에는 더 이상 할 일이 없다고 믿었다."

그러니까 로랑은 하느님을 위해 모든 것을 버리고 하느님에 대한 사랑을 위해 모든 것을 행함으로써, 사실 가장 완전한 것에서부터 시작했던 셈이다. 그는 자신을 완전히 잊어버렸다. 그는 천국도 지옥도 더 이상 생각하지 않았으며, 자신의 지나간 죄나 현재 짓고 있는 죄에 대해서도 일단 하느님의 용서를 구한 뒤에는 더 이상 생각하지 않았다.

그는 같은 참회를 거듭 하지 않았다. 그는 하느님께 자신의 과오를 고백하고 나면 완벽한 평화를 누렸으며, 그렇게밖에는 할 줄 몰랐다. "그 후에는 죽든 살든 이생에서건 내세에서건 그는 자신을 완전히 하느님께 맡겨 버렸다."

로랑은 이렇게 말했다. "우리는 오로지 하느님 한 분을 위해 만들어졌습니다. 그러므로 하느님께서는 우리가 그분만을 생각하기 위해 자기 자신을 버리는 것을 나쁘게 보실 리 없습니다. 우리는 그분 안에서 자신의 부족한 점을 더 잘 볼 수 있습니다. 자기 자신을 아무리 들여다보아도 소용이 없습니다. 완전성의 추구라는 미명하에 우리를 아직도 자신에게로 붙들어 매어 하느님께로 가는 것을 방해하는 것은 자기애의 잔재일 뿐입니다."

로랑은 그가 4년 동안 겪은 고통이 너무나 커서

세상 모든 사람이 뭐라 해도 그 자신은 저주받았다는 생각을 떨쳐 버릴 수가 없었다고 말했다. 하지만 그러한 고통 가운데서도 최초의 결심에서 조금도 흔들리지 않았고, 자신에게 닥칠 일이나 고통에는 아랑곳하지 않고 이렇게 말하며 자신을 위로하곤 했다. "될 대로 돼라. 나는 적어도 남은 생애 동안 내 모든 행동을 하느님에 대한 사랑을 위해 하겠다." 그리하여 자신을 망각한 채, 그는 하느님을 위해 자신을 버리기를 원했고, 하느님 안에서 발견되었다.

❖

하느님의 뜻에 대한 사랑은 로랑의 내면에서 보통 사람들이 자기 의지에 대해 갖는 애착을 대신했다. 그는 자신에게 일어나는 모든 일에서 하느님의 명령을 보았으며, 덕분에 항상 마음이 평화로웠다. 무슨 큰 죄악에 대해 듣게 되어도, 그는 놀라기는커녕 인간의 죄 많은 본성에 비하면 더 많은 죄악이 일어나지 않는 데에 놀라곤 했다. 그러나 그는 자신의 마음을 하느님께 바치면서, 하느님께서 모든 악을 고치실 수 있는데도 그런 악을 허용하시는 것은 세상에 대한 그분의 전체적인 계획에 비추어 보아 극히 정당하고 유용한 이유 때문임을 깨달았고, 죄인들을 위해 기도한 뒤 더 이상 괴로워하지 않고 평화를 누렸다.

❖

나는 언젠가 로랑에게 그가 무척 소중히 여기고 오래전부터 추진해 오던 어떤 일이 이루어질 수 없고 상황이 그 반대로 돌아가게 되었다는 말을 사전 통고 없이 불쑥 전한 적이 있다. 이에 대해 그는 이렇게 답할 뿐이었다. "그런 결정을 한 사람들에게도 그럴 만한 이유가 있었겠지요. 결정대로 행하고 더 이상 말하지 않으면 됩니다." 실제로 그는 그렇게 했고, 그 이후로 몇 차례 그 일에 대해 이야기할 기회가 있었지만, 결코 입을 열지 않았다.

❖

많은 공덕을 쌓은 한 사람이 로랑이 몹시 아프다는 말을 듣고 병문안을 왔다가 그에게 물었다. 만일 하느님께서 그에게 잠시 더 이 세상에서 공덕을 쌓도록 머무는 것과 당장 천국에 가는 것 중에서 고르라고 하신다면 어느 쪽을 택하겠느냐고 말이다. 그러자 형제는 망설이지 않고 이렇게 대답했다. "선택은 하느님께 맡길 것이며, 저는 하느님께서 뜻을 알려 주시기를 평화로운 마음으로 기다릴 뿐입니다."

❖

이런 태도로 인해 로랑은 매사에 무심해지고 자유로워져 거의 성인과도 같은 상태에 이르게 되었다. 그는 어떤 일에도 편을 들지 않았다. 그에게서는 특정한 성향이나 기질 같은 것이 없었다. 가장 거룩한 장소에서도 사람들은 조국에 대한 사랑만은 지니게 마련인데, 그는 그런 데에도 구애받지 않았다. 그는 그와 반대되는 기질을 가진 사람들에게도 사랑받았다. 그는 누가 누구를 위해 행하든 간에 선한 것을 기뻐했다. 천국 시민으로서 그는 지상의 어떤 일에도 구애받지 않았다. 그의 시각은 유한한 것에 국한되지 않았다. 오래전부터 영원하신 하느님만을 묵상한 나머지 그 자신도 그분처럼 영원해졌던 것이다.

로랑에게는 모든 것이, 모든 장소와 모든 일이, 매한가지였다. 그는 언제 어디서나 하느님을 보았으니, 동료들의 샌들을 만들 때에나 공동체를 위해 기도할 때나 마찬가지였다. 그는 일상적인 일을 하면서도 사막 한복판에 있는 것이나 다름없이 하느님을 사랑하고 경배할 수 있었으므로, 굳이 조용한 곳을 찾으려 애쓰지 않았다.

❖

로랑이 하느님께 나아가는 유일한 수단은 모든 일을 그분에 대한 사랑을 위해 하는 것이었으므로, 그로서는 어떤 일을 하든 하느님을 위해 하기만 한다면 마찬가지였다. 그가 바라보는 것은 일 자체가 아니라 하느님이었다. 그는 일이 자신의 천성에 맞지 않으면 않을수록, 그 일을 하느님께 바치게끔 하는 사랑에는 수고가 따른다는 것을 알고 있었다. 그러므로 그가 하느님께 드리는 봉헌의 값어치는 일 자체에 달린 것이 아니었다. 하느님께서는 아무것도 부족하거나 필요한 것이 없으시므로 우리가 하는 일에서 사랑밖에는 보시지 않는 것이다.

❖

로랑의 또 한 가지 성격은 놀랄 만큼 심지가 굳다는 것이었다. 이것은 다른 방면에서였다면 대담무쌍함이라 부를 만한 것으로, 하느님이 아닌 모든 것에 대한 두려움과 희망을 넘어선 위대하고 고상한 영혼을 보여 주었다. 그는 아무것도 경이로워하지 않았고 아무것에도 놀라지 않았으며 아무것도 두려워하지 않았다. 이러한 영혼의 감수성은 다른 모든 덕망과 같은 근원에서 오는 것이었다. 하느님에 대한 그의 경외심은 그분을 있는 그대로 보여 주었으니, 공의와 무한한 자비하심에 의지하여 그는 하느님께서 자신을 저버리지 않으시고 자신에게 선만을 행하실 것을 확신했다. 그 자신은 하느님을 거스르는 것은 일체 하지 않고 그분에 대한 사랑을 위해 모든 것을 하고 모든 것을 참기로 결심했기 때문이었다.

❖

　나는 언젠가 로랑에게 그의 영적 스승이 누구인지 물어보았다. 그는 그런 스승은 가져본 적이 없으며 필요하다고 생각하지도 않는다고 대답했다. 왜냐하면 그가 수도자로서 지켜야 할 규칙과 의무가 외적으로 해야 할 바를 가르쳐 주며, 복음서는 마음을 다해 하느님을 사랑하라고 가르치니, 그것으로 충분하다는 것이었다. 따라서 영적 스승은 필요하지 않지만, 죄를 사해 줄 고해 사제는 필요하다고 그는 말했다.

❖

　영적인 삶에서 자기 나름의 기질과 감정만을 따르는 이들은 자신에게 신심이 있는지 없는지 검토하는 것보다 더 중요한 일은 없다고 믿는다. 이런 사람들은 안정감도 확고한 규칙도 가질 수가 없다. 왜냐하면 기질이나 감정은 늘 변하기 때문이다. 어떤 때는 우리 자신의 게으름 때문에도 그렇고, 또 어떤 때는 우리의 필요에 따라 다른 선물을 주시고 우리를 다루는 방법을 달리하시는 하느님 때문에도 그렇다. 그러나 반대로 우리의 선한 형제는 결코 변하지 않는 믿음의 길에 굳게 서서 항상 한결같은 모습을 보였다. 그는 하느님께서 자신을 두신 그 자리에서 의무를 다하는 것밖에는 생각하지 않았으며, 자신의 신분에 고유한 덕 이외에는 다른 덕을 추구하지 않았다. 자신의 기질에 주의를 기울이고 자신이 걷는 길을 검토하는 대신, 그는 길의 목표인 하느님만을 바라보았고, 정의와 자비와 겸손을 실천하면서 그것을 향해 성큼성큼 나아갔다. 자신이 하는 일에 대해 길게 생각하기보다는 열심히 수고하는 쪽을 택했다.

❖

로랑의 신앙심은 이러한 견고한 기초에 근거해

있었으므로, 환시나 기타 기이한 일들에 의존하지 않았다. 그는 설령 그런 것이 진실이라 해도 흔히 하느님보다도 그분의 선물에 더 연연해하는 영혼의 약점이 되곤 하는 것을 보았다. 그래서 수련 기간을 제외하고는, 그의 행동에서 그런 일들은 전혀 발견되지 않으며, 적어도 그가 가장 신뢰하고 마음을 열어 보이는 사람들에게도 일체 그런 일을 말한 바 없다. 그는 평생토록 믿음의 확고한 길 위에서 성인들의 발자취를 따라갔다. 그는 교회가 명하는 훈련들을 통해, 선행과 자기 신분에 고유한 덕행의 실천을 통해 구원에 이르는 보통의 길에서 전혀 벗어나지 않았다. 그가 보기에 그 나머지는 수상쩍은 것이었다. 그의 뛰어난 감각과 믿음의 단순함에서 얻어 낸 광명은 인생길에 만나게 되는 수많은 암초에서 그를 지켜 주었다. 오늘날도 수많은 영혼이 새로운 것에 대한 사랑과 자신의 상상, 인간적인 호기심과 행동에 탐닉한 나머지 이런 암초에 부딪혀 난파하고 있다는 것은 애석한 일이다.

❖

 하느님만을 추구할 때에는 이런 위험들을 피하기란 어렵지 않다. 종교에 있어서는 새로워 보이는 모든 것을 의심해 보아야 한다. 그토록 필요한 이 덕은 시간이 지날수록 완성되는 그런 것이 아니다. 그것은 처음부터 완전하다. 예수 그리스도께서는 몸소 혹은 사도들을 통해 말씀하시는 성령에 의해 교회에 필요한 모든 것을 가르치셨다. 그 확실함을 찾고자 한다면 거기까지 거슬러 올라가야 한다. 글로 쓰이고 육성으로 선포된 이 믿음 외에도, 지상의 신자들 안에 남아 있는 예수 그리스도의 몸이 그분의 의지를 선포하고 의심스러운 문제에 있어 따라야 할 길을 보여 주는 살아 있는 해석자를 필요로 한다는 것은 사실이다. 구세주께서는 이런 필요 또한 채워 주셨으니, 그분께서는 우리에게 교회를 남겨 주셨다. 그리하여 그분께서는 목자들을 통해 말씀하시고, 이들에게 권한을 주시어 당신의 가르침을 설명하고 신자들 각자에게 믿음의 규칙 안에서 구원의 방도를 지시하게 하셨다. 교회에 대한 신앙은 영혼을 완전한 평화 가운데 붙들어 두는 확실한 길이며 영혼의 모든 필요를 채워 유배된 가운데서도 모든 위안을 누리게 한다. 만일 이런 것에 만족하지 않고 더 넓은 길을 찾는다면, 믿음에 따른 감정이나 신심에 머물지 않고 교회가 아이들의 약함을 봐 주듯 그저 관용하는 것으로 넘기려고 한다면, 불안과 호기심 때문에 공동의 길에서 벗어나 특별한 행동에 빠진다면, 자신의 기호를 따르고자 하여 교회의 지침보다 자기 생각을 고집한다면, 위험에 노출되는 것이며 자의적인 환상으로 탈선하는 자들과 통하는 것이 될 것이다. 하느님께서는 성조들과 예언자들을 통해 말씀하신 후 마침내 아드님을 통해 말씀하셨다. 이 아드님은 오늘날 교회를 통해 우리를 가르치신다. 교회가 우리에게 가르치는 믿음은 확실하고 충만하고 충분하다. 거기에 머물도록 하자. 거룩한 형제는 정확히 그 가르침을 따랐으며, 우리에게 헤매지 않고 하느님께로 이르는 길의 탁월한 모범을 직접 보여 주었다.

❖

그러한 삶을 살면서 이미 준비가 되었기 때문에, 로랑은 죽음이 다가오는 것을 동요 없이 바라보았다. 그는 평생 인내심이 대단하기는 했지만, 특히 마지막에 이를수록 그러했다. 그는 병이 아무리 위중해도 단 한순간도 괴로워 보이지 않았다. 기쁨은 그의 얼굴뿐만 아니라 말투에서도 배어났기에, 그를 방문하는 수사들은 정말로 하나도 고통스럽지 않으냐고 묻지 않을 수 없었다. "죄송합니다만, 정말로 아프답니다. 옆구리에 늘 아픈 곳이 있어요. 하지만 제 영혼은 만족합니다.", "하지만 만일 하느님께서 형제가 10년 동안 더 이렇게 고통을 겪기를 원하신다면, 그래도 만족할까요?", "그렇고말고요. 10년이 아니라 심판 날까지라도 하느님께서 원하신다면 저는 기꺼이 고통을 겪을 것이고, 그러면서도 항상 만족할 수 있도록 은총을 베푸시기를 희망할 것입니다."

❖

이 세상을 떠날 시간이 다가오자, 로랑은 종종 이렇게 외치곤 했다. "오 믿음! 믿음!" 그 어떤 말보다도 그 짧은 외침이야말로 믿음의 중요함을 말해 주는 것이었다. 그는 끊임없이 하느님께 경배를 드렸다. 그리고 동료 수사에게 자신은 하느님께서 자기 영혼 안에 계시다고 단순히 믿는 것이 아니라, 그 내밀한 현존을 믿음 가운데서 이미 보고 있는 것만 같다고 말했다.

❖

 죽음의 길목에서도 로랑의 대담함은 놀라울 정도여서, 그 점에 관해 묻는 한 친구에게 그는 죽음도 지옥도 하느님의 심판도 마귀의 권세도 두렵지 않다고 대답했다. 그의 말이 그토록 감화하는 힘이 있었으므로, 사람들은 계속하여 그에게 이런 저런 질문을 했다. 살아 계신 하느님의 손에 떨어지는 것이 두려운 일임을 아는지, 자신이 하느님의 사랑 혹은 미움의 대상이 될지는 아무도 모르는 일이 아닌지 하는 질문을 받자, 그는 이렇게 대답했다. "그렇지요. 하지만 저는 알고 싶지 않습니다. 자칫 허영심이 들 수도 있으니까요. 하느님께 맡기는 게 제일입니다."

❖

 그가 병자성사를 받은 후, 한 수사가 그에게 이제 무엇을 생각하느냐고 물었다. 그는 이렇게 대답했다. "저는 영원토록 하게 될 일을 하고 있습니다. 하느님을 기리고 그분을 찬미하며 마음을 다해 사랑하는 것이지요. 우리가 할 일은 하느님께 경배를 드리고 그분을 사랑하는 것뿐입니다. 그 나머지는 염려할 게 없습니다."

❖

이 마지막 말을 남기고, 로랑은 그 후 얼마 되지 않아 세상을 떠났다. 그의 삶이 그랬듯이 평화롭고 조용한 죽음이었다. 1691년 2월 12일, 향년 77세였다.

❖

이 선한 평수사의 삶과 죽음에 대해 지금까지 적은 것이야말로 진정한 그리스도교 철학자의 모습이다. 지난날 오로지 하느님과 그 아들 예수 그리스도를 알고 자신의 영혼을 단련하기 위해 진정으로 세상을 버렸던 이들이 그러했으니, 이 믿음의 사람들은 복음서를 삶의 지침으로 삼고 십자가의 거룩한 철학을 신조로 삼았다. 알렉산드리아의 클레멘스 성인이 묘사하는 그들의 모습이 바로 그러하듯, 그는 철학자 즉 그리스도교 현자의 가장 큰 일은 기도라고 말할 때 로랑과 같은 사람을 염두에 두었을 것이다. 로랑은 어디에서나, 말 없이, 단지 자기 영혼 깊은 곳에서 은밀히 기도했다. 산책길에, 대화 중에, 휴식 중에, 책을 읽거나 일을 할 때 그는 끊임없이 하느님을 찬미했다. 그뿐 아니라 아침에 사리에서 일어날 때와 정오뿐 아니라 그의 모든 행동에서 마치 이사야서의 사람들과 같이 하느님께 영광을 돌렸다. 그가 기도를 통해 영적인 것에 기울인 정성은 그를 부드럽고 상냥하고 참을성 있게 만들었으며, 고통과 쾌락 어느 것에도 유혹당하지 않을 정도로 엄격하게 만들었다. 아무리 누려도 싫증나지 않는 묵상의 기쁨 때문에 그는 지상의 어쭙잖은 기쁨을 누릴 새도 없었다. 그는, 몸은 아직 지상에 있을지언정, 사랑 가운데서 주님과 함께 살았다. 그리고 믿음 덕분에 천국의 빛으로 나아가게 된 후에는, 이 세상 것에 관심을 두지 않았다. 그는 이미 사랑 안에서 자신이 있어야 할 곳에 있으며 자신이 원하는 것을 이미 가지고 있었으므로, 더 이상 아무것도 원하지 않았다. 그는 용감할 필요가 없으니, 이생의 어떤 것도 그를 힘들게 하지 못하며 그를 하느님에 대한 사랑에서 돌려놓지 못하기 때문이었다. 그는 마음을 다스릴 필요가 없었으니, 모든 일이 결국은 잘되리라 믿어 슬픔에 빠지지 않기 때문이었다. 그는 전혀 화를 내지 않고 어떤 일에도 동요되지 않았으니, 그는 항상 하느님을 사랑하고 온통 그분만을 향해 있기 때문이었다. 그는 아무것도 질투하지 않으니, 아무것도 부족함이 없기 때문이었다. 그는 그 누구도 이런 우정으로 사랑하지 않았으며, 피조물들을 통해 오로지 하느님만을 사랑했다. 모든 것을 잊어버리고 하느님 한 분께만 속한 후로는, 그의 영혼은 견고하여 흔들림이 없으며 모든 변화의 너머에 있었다.

❖

위와 같은 초상에 대가의 글 솜씨를 더해 보자. 이 사람 또한 아테네에서 나온 모든 학문보다는 로랑과 함께하는 믿음의 빛에 비추인 사람이니 말이다. 고귀한 선생들과 박사들과 초라한 평수사를 한데 섞는다고 해서 나쁘게 보지 않기를 바란다. 로랑의 단순한 말에서 우리는 교회의 위대한 지성들이 그리스도교의 순수성에 대해 가르친 바를, 그리고 너나 할 것 없이 예수 그리스도로부터 길어낸 것을 발견하게 되지 않는가! 주님께서는 지혜롭고 슬기로운 이들에게는 숨기시고 철부지들에게는 자신을 드러내시는 것이다. 진정한 철학보다 더 강하고 꺾이지 않는 것은 아무것도 없다고 나지안조의 그레고리오 성인은 말한 바 있다. 철학자의 광활한 정신에는 모든 것이 굴복한다. 만일 그에게서 지상의 모든 편의를 박탈한다면, 그는 날개 치며 솟구쳐 올라 자신의 유일한 주인이신 하느님을 향해 날아갈 것이다. 천사도 철학자도 하느님을 이길 수는 없다. 그는 비록 질료로 이루어져 있을망정, 물질이 아닌 것처럼 한계가 없다. 비록 그가 육신을 가졌을망정, 땅 위에서 하늘의 사람으로 살아간다. 그는 온갖 정념의 한복판에서 무심하다. 그는 다른 모든 것에서는 패배를 견디지만, 용기에 있어서는 아니다. 그는 굴복하면서도, 그를 이겼다고 믿는 이들 너머로 올라선다. 그는 세상에도 육신에도 집착하지 않는다. 그가 기본적인 생활 수단을 사용하는 것은 필요한 한도 내에서다. 그는 자신과 하느님밖에는 모른다. 그의 영혼은 그를 모든 감각적인 사물들 너머로 들어올리며, 흠 없는 거울과도 같이 그에게 지상의 비천한 모습이 섞이지 않은 거룩한 이미지를 보여 준다. 그는 이미 가지고 있던 빛에 날마다 새로운 빛을 더하여, 마침내 내세에서나 맛볼 수 있을 빛의 근원에 이른다. 그럴 때 진리의 빛이 수수께끼의 어둠을 물리칠 것이며, 더없는 지복에 이르게 될 것이다. 그러한 경지에 이른 이가 로랑이고 그와 같은 모든 사람들이다.

❖

로랑은 자신의 생애를 은수자로서 보냈지만, 어떤 형편에 있는 어떤 사람이든 간에 여기에 적은 그의 행적에서 큰 유익을 얻을 수 있을 것이다. 세속에 사는 사람들도 업무를 처리하고 대화를 하고 오락을 하는 가운데 자신의 의무를 다할 은총을 구하기 위해 하느님께 아뢰는 법을 배우게 될 것이다. 로랑의 본을 받아, 그들은 하느님의 은총에 감사를 드리고 자기 허물을 스스로 벗게 될 것이다. 그것은 수도원에서나 추구할 수 있는 사변적인 신앙이 아니다. 모든 사람은 하느님께 경배하고 그분을 사랑하는 것이 마땅하다. 그리고 이 두 가지 큰 의무를 완수하기 위해서는 마치 부모가 끊임없이 도와주지 않으면 살아나갈 수 없는 어린아이와도 같이 매 순간 하느님을 향하는 마음으로 그분과 연결되어 있어야만 한다. 그것은 전혀 어렵지 않을 뿐 아니라 누구에게나 쉽고 필요하다. 바오로 사도가 모든 그리스도인에게 끊임없이 기도하라고 명령한 것도 바로 그런 것이다. 그렇게 하지 않는 이는 자신이 얼마나 딱하고 선을 행할 능력이 없는지도 느끼지 못한다. 그는 자신이 누구인지 하느님이 어떤 분이신지 또 자신이 끊임없이 예수 그리스도를 필요로 한다는 것도 알지 못한다. 세상일이 이 임무를 행하지 않기 위한 변명이 될 수 없다. 하느님은 어디에나 계시며 어디에서나 그분께 아뢸 수 있으니, 수천 가지 방식으로 자기 마음을 그분께 아뢸 수 있다. 약간의 사랑만 있다면 전혀 어려운 일이 아니다.

❖

번잡한 삶에서 물러난 사람들은 로랑의 생애에서 배울 점이 한층 더 많을 것이다. 그런 사람들은 세상일에 얽혀 있는 사람들보다 세상의 체면이나 필요에서 자유롭기 때문에, 이 선량한 형제를 본받는 데 따르는 어려움이 그만큼 적을 것이다. 하느님의 사랑을 위한 행동을 하려는 것 말고는 일체의 생각을 버리고 오로지 하느님께 모든 것을 바칠 수 있을 것이다. 로랑은 오로지 하느님만을 생각하기 위해 자신의 구원조차도 신경쓰지 않을 정도로 자기 자신을 완전히 망각하고 모든 것에서 초탈했다. 온갖 세상일에 대한 그의 무심함, 영적인 수련에 있어서의 자유로움은 그 뒤를 따르려는 이들에게는 유익하며 본받아야 할 것이다.

만일 제가 설교자라면,
저는 하느님의 현존을 연습하는 것 외에
다른 것은 설교하지 않겠습니다.
만일 제가 인도자라면,
저는 모든 사람에게 하느님의 현존을
연습하라고 권하겠습니다.
그만큼 그것은 필요하고 또 쉬운 일입니다.

– 부활의 로랑 형제

지은이 · **부활의 로랑 형제**

본명은 니콜라 에르망. 1614년 로렌 지방의 뤼네빌 근처에 있는 작은 마을에서 태어났다. 30년 전쟁의 혼란 속에서 젊은 시절을 보낸 그는 전쟁 중에 부상을 입은 후 새로운 삶을 결심하고 은수 생활을 하다가 1640년, 스물여섯의 나이에 맨발의 가르멜회 수도원에 들어갔다. 신발 수선과 요리사, 포도주 배달 등 온갖 허드렛일을 하면서도 한 번도 불평하지 않고 감사하는 마음으로 모든 일을 해 나갔다. 한때 구원의 확신마저 흔들릴 정도로 깊은 두려움과 불안의 시기를 보내기도 했지만 언제 어디서나 매 순간 기도하며 하느님을 마음에 모셨다. 일생을 평범한 가르멜의 평수사로 살면서도 끊임없는 하느님과의 친밀한 대화를 통해 많은 이들에게 감화를 준 부활의 로랑 형제는 1691년 2월 12일, 일흔일곱의 나이로 선종했다.

옮긴이 · **최애리**

서울대학교 및 동 대학원에서 불어불문학을 공부했고, 중세 문학 연구로 박사 학위를 받았다. 옮긴 책으로 《오스카 와일드, 아홉 가지 이야기》, 《댈러웨이 부인》, 《등대로》, 《그라알 이야기》, 《제4신분, 중세 여성의 역사》, 《무미 예찬》, 《연옥의 탄생》, 《매그레와 벤치의 사나이》, 《생폴리앵에 지다》, 《타인의 목》, 《안개의 항구》, 《이아생트》, 《합창》 등이 있으며, 지은 책으로 여성 인물 탐구 시리즈인 《길 밖에서》, 《길을 찾아》가 있다.